Wiebke Elzel

Sunday, June 26 – Saturday, July 2

DISTANZ

Wiebke Elzel

Sunday, June 26 – Saturday, July 2

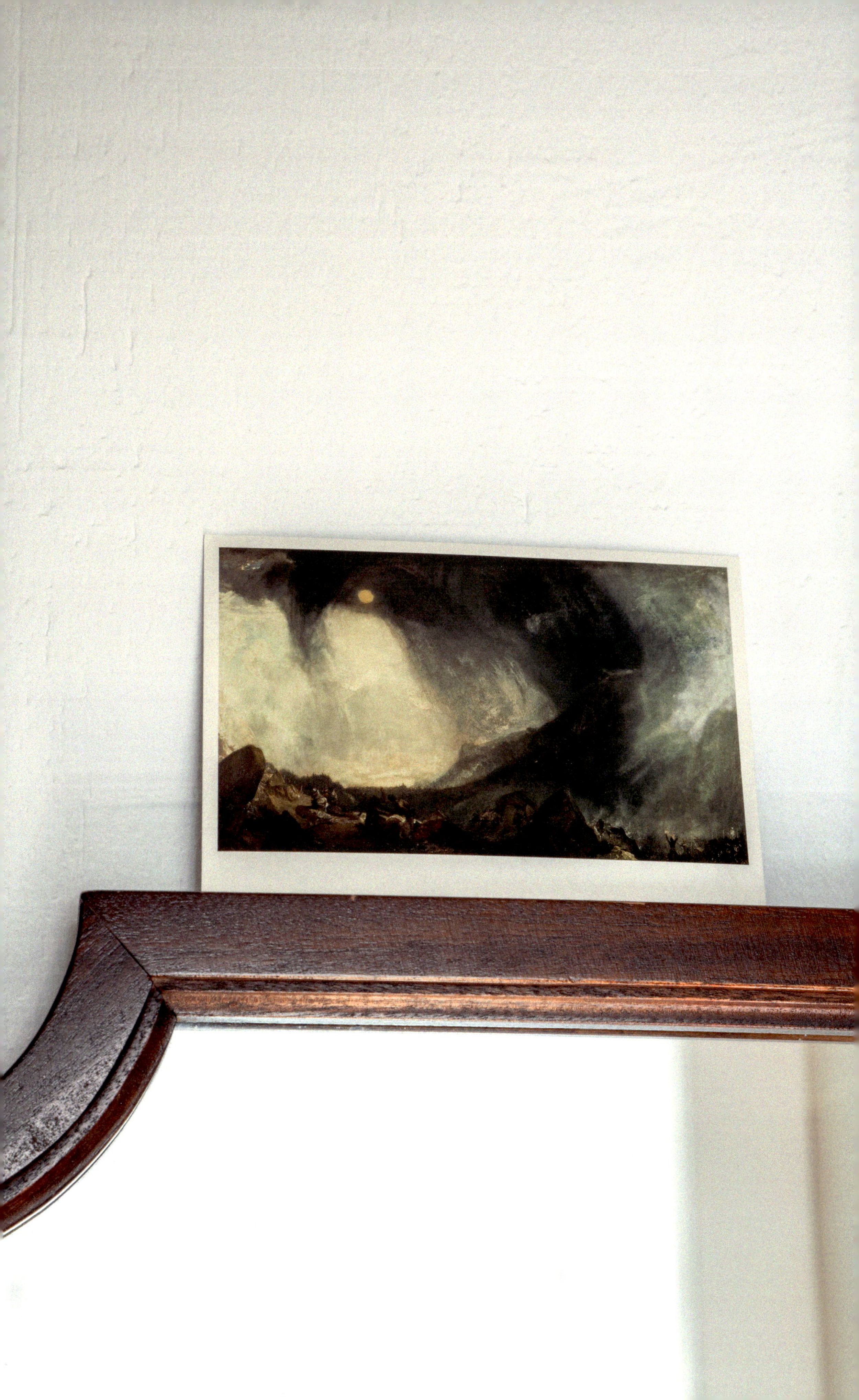

Mein Blick fiel auf die Postkarte mit William Turners Gemälde *Snow Storm: Hannibal and his Army Crossing the Alps*. Dieses Gemälde hatte mich, als ich es das erste Mal sah, wie alles von Turner, aber doch irgendwie ganz besonders, beeindruckt. Für die Darstellung der am Boden kauernden, dem Sturm schutzlos ausgelieferten Soldaten interessierte ich mich kaum. Die Gewalt, die Dramatik, die Schönheit und der Schrecken des Bildes wurden nicht hervorgerufen durch sie, sondern durch das den größten Teil der Leinwand einnehmende Spiel von Licht und Schatten, von Hell und Dunkel. Die Postkarte, die ich zur Erinnerung an das Gemälde mitgenommen hatte aus dem Museum, steht auf der oberen Kante eines Spiegels im Flur meiner Wohnung. Ich sehe sie fast täglich. Doch wie so oft bei Bildern und anderen Dingen, die mich im Alltag umgeben, denke ich nur selten über sie nach. Auch den Spiegel, auf dem die Postkarte steht, beachte ich kaum, und noch seltener denke ich an seine Herkunft, obwohl nur diese der Grund gewesen ist, ihn zu erwerben.

Durch Zufall hatte ich von der Schließung jenes für die Stadt, für den *alten Westen* so wichtigen Hotels erfahren und war mitgegangen an dem Tag, an dem der Verkauf des Inventars stattfand. Es war schon Abend, als wir dort ankamen, doch das Haus war noch immer geöffnet für jeden, der sich für das Hotel und sein Innenleben interessierte. Ich war nicht vorbereitet auf den Anblick des mit Bettgestellen, Stühlen, Lampen, Bildern, Teppichen und anderen Einrichtungsgegenständen vollgestellten Foyers. Besonders berührte mich, so fällt mir jetzt wieder ein, ein am Eingang aufgestelltes Tischlein, auf dem in hohen Stapeln unzählige Ausgaben des Neuen Testaments lagen; jeweils dreisprachig, wahlweise mit dunkelblauem oder bordeauxrotem Einband, auf den in goldenen Lettern das Wort Hotel geprägt war. Kostenlos konnte man sie von dort mitnehmen, diese *heiligen Schriften*, die wenige Tage zuvor noch in den Nachttischen jedes einzelnen Zimmers gelegen hatten. Auch die Nachttische standen zum Verkauf, natürlich. Nur dunkel erinnere ich mich, wie ich durch das holzvertäfelte Foyer ging, vorbei an den dichtgedrängt stehenden Möbeln, die Treppe hinauf und erneut, diesmal auf umgekehrte Weise, unvorbereitet getroffen wurde von den vollständig leergeräumten Zimmern, den kahlen Wänden. Es war ein schönes Hotel gewesen, voller Würde und Geschichten, ein warmes, schützendes Haus, mehr als ein Hotel für viele Gäste, die es oft über Jahrzehnte besucht hatten. Hier geht etwas Besonderes zu Ende; ich erinnere mich, dass ich dies dachte, damals, auf der Treppe des Hotels stehend, es ist das Ende einer Ära, dachte ich weiter und mit einigem Pathos, wie mir heute scheint. Ich ging hinunter, blickte mich um und wählte schließlich einen der großen Spiegel mit dunklem, schwerem Holzrahmen. Es standen so viele davon im Foyer, dass ich annahm, in jedem der Zimmer müsste bis zum Vortag einer gehangen haben.

Ich kaufte den Spiegel, nahm ihn mit und hängte ihn in den Flur meiner Wohnung, wo er bereits nach kurzer Zeit aufhörte, mich an das Hotel zu erinnern, mein alltägliches Leben schien nicht davon berührt. Doch heute, als mein Blick zufällig auf die Postkarte mit dem Gemälde Turners fiel, dachte ich auch wieder an die Geschichte des Spiegels. Es sind einige Jahre vergangen seitdem, und jetzt, in diesem Moment, habe ich auf einmal das beunruhigende Gefühl, dass das Ende des Hotels mein Leben doch betroffen und verändert haben könnte, ohne dass ich, zunächst, etwas davon gemerkt hätte.

My gaze fell on the postcard of William Turner's painting *Snow Storm: Hannibal and his Army Crossing the Alps*. This painting had—when I saw it for the first time, as had everything by Turner, but this one still somehow especially—impressed me. I had practically no interest in its depiction of the soldiers, cowering on the ground, defenseless against the storm. The violence, the drama, the beauty and the horror of the image were not evoked through them, but rather through the play of sunshine and shadow, of light and dark, that occupies the greater part of the canvas. The postcard, which I got at the museum to remind me of the painting, sits on the upper edge of a mirror in my apartment's hallway. I see it almost daily. Though, as is often the case with images and other things that surround me day to day, I only rarely think about it. Even the mirror, on which the postcard sits, I hardly notice. And even less often do I think about its origin, even though its origin was the only reason I acquired it in the first place.

Through coincidence I had heard about the closing of that hotel which was so important to the city—to the former West—and I had gone along on the day when the contents were sold. It was already evening when we arrived, but the building was still open to anyone who cared about the hotel and its interior. I wasn't ready for the sight of the lobby crowded with bed frames, chairs, lamps, pictures, rugs, and other furnishings. I was particularly touched, I recall now, by a small table set up near the entrance, on which lay innumerable copies of the New Testament in high stacks. All of them trilingual, with either dark blue or Bordeaux red binding, and stamped with the word Hotel in golden letters. You could take them for free, these holy texts that had a few days earlier laid in the night stands of every single room. The night stands, too, of course, were for sale. I only dimly remember how I walked through the wood-paneled lobby, past the tightly packed furniture, and was met wholly unprepared—now for the opposite reason—by the sight, this time, of completely emptied rooms and bare walls. It had been a beautiful hotel, full of dignity and stories. A warm, sheltering house. More than a hotel for the many guests who had visited regularly, often over decades. Something special is coming to an end here. I remember that I thought this, back then, standing on the stairs of the hotel. The end of an era, I continued thinking—with some pathos, it seems to me today. I went down, looked around, and finally chose a large mirror with a dark, heavy wooden frame. There were so many of them standing in the lobby that I assumed one had hung in every room until the day before.

I bought the mirror, took it home, and hung it in the hallway of my apartment where, after only a short period of time, it stopped reminding me of the hotel. My everyday life did not seem to be affected by it. But today, as by chance my gaze fell on the postcard of the Turner painting, I thought about the history of the mirror. Some years have since passed, and now, at this moment, I have the unsettling feeling that the closing of the hotel could have affected and changed my life after all, without my initially having realized anything.

SADE

Before deciding what is wrong and what is right
first we must find out what we are
I
do not know myself
No sooner have I discovered something
than I begin to doubt it
and I have to destroy it again

From the conversation between Marat and Sade in:
Peter Weiss, *The Persecution and Assassination of Marat as Performed by the Inmates of the Asylum of Charenton under the Direction of the Marquis de Sade*, London 1965, p. 39

Marat / Sade

15 Fortsetzung des Gesprächs
zwischen Marat und Sade

SADE
Um zu bestimmen was falsch ist
und was recht ist
müssen wir uns kennen
Ich
kenne mich nicht
Wenn ich glaube etwas gefunden
zu haben
so bezweifle ich es schon
und muß es wieder zerstören

(S.44)

SADE

Um zu bestimmen was falsch ist und was recht ist
müssen wir uns kennen
Ich
kenne mich nicht
Wenn ich glaube etwas gefunden zu haben
so bezweifle ichs schon
und muss es wieder zerstören

Aus dem Gespräch zwischen Marat und Sade in:
Peter Weiss, *Die Verfolgung und Ermordung Jean Paul Marats dargestellt durch die Schauspielgruppe des Hospizes zu Charenton unter Anleitung des Herrn de Sade*, Frankfurt/Main 1964, S. 44

Sunday, June 26, 2016

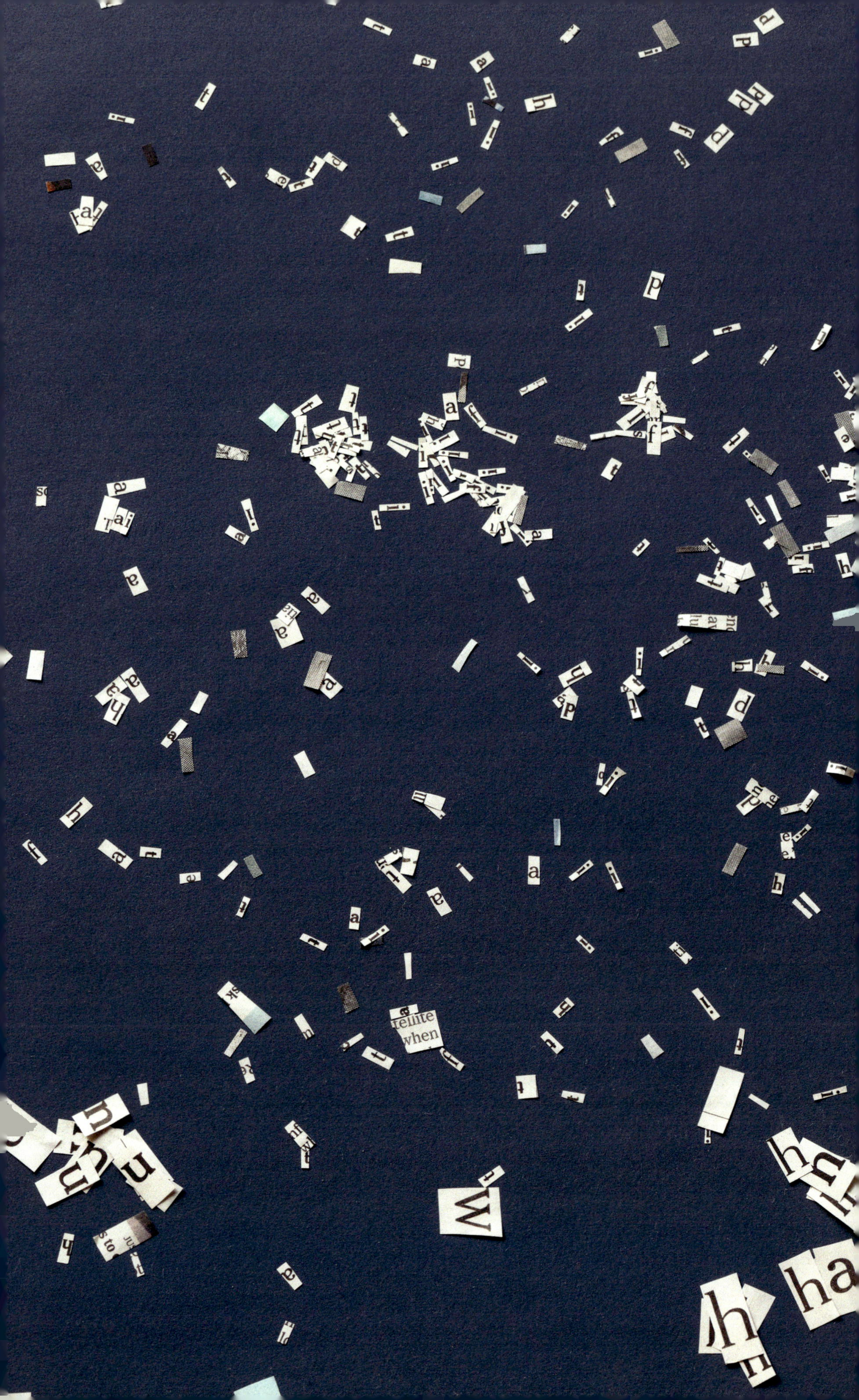

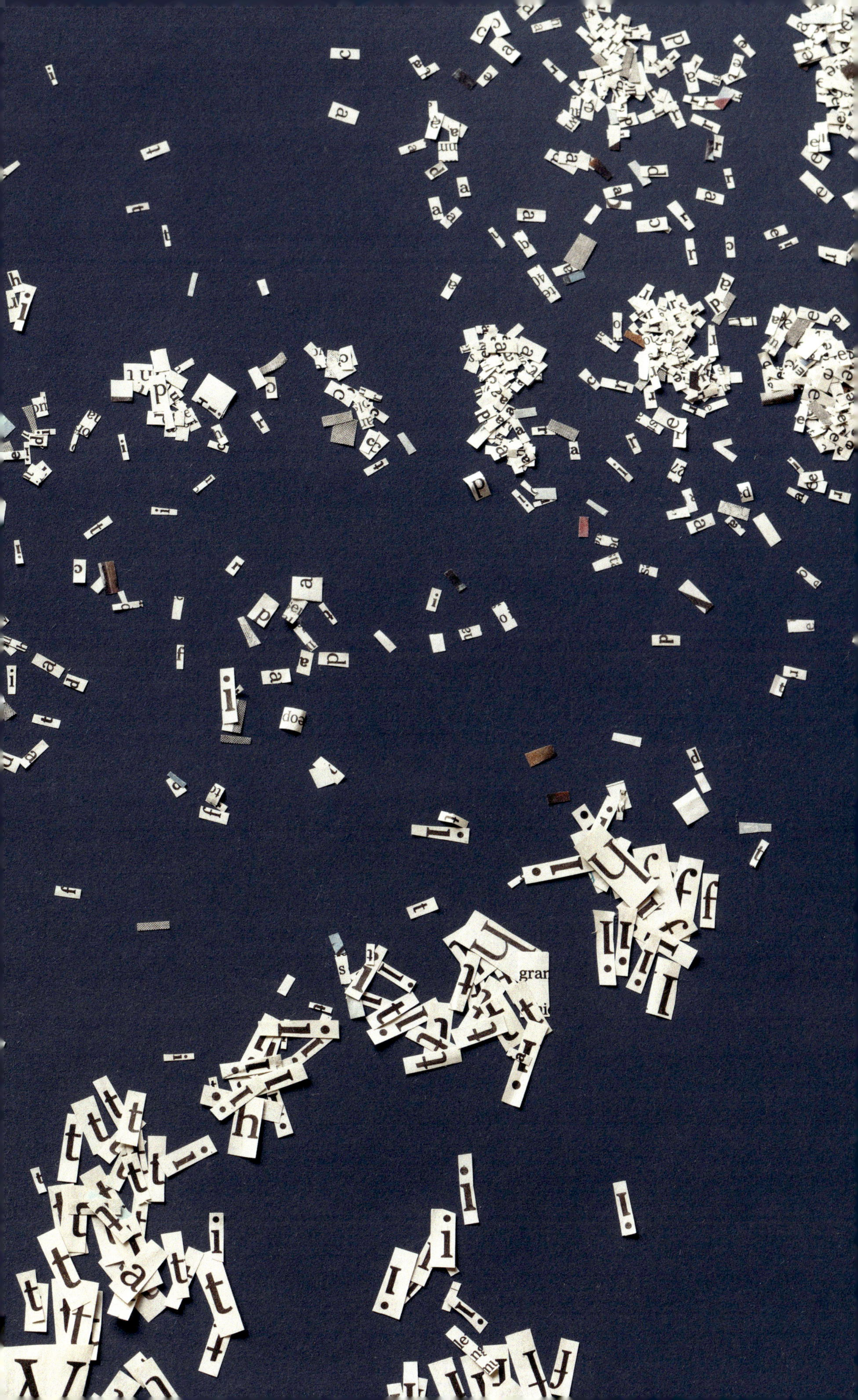

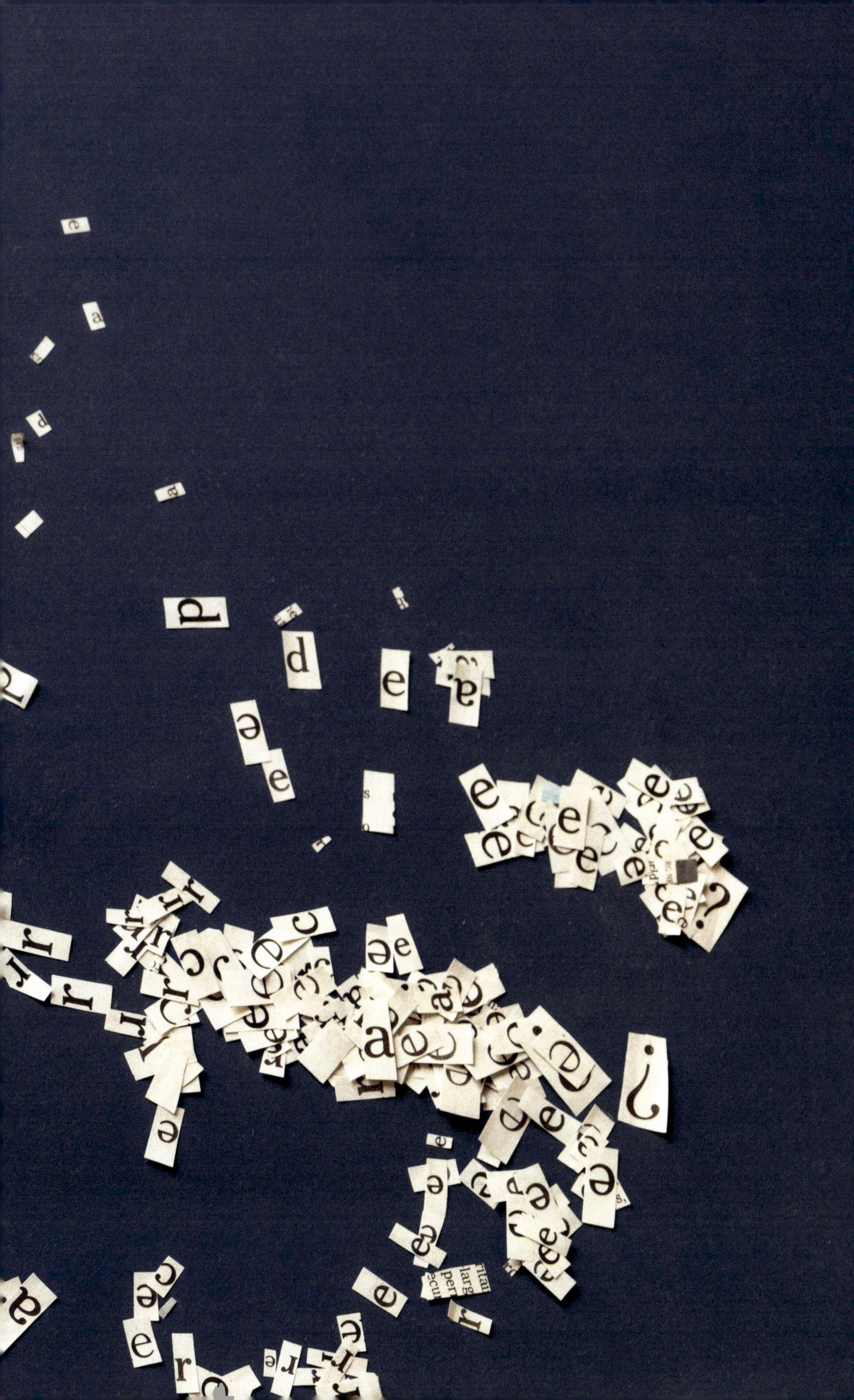

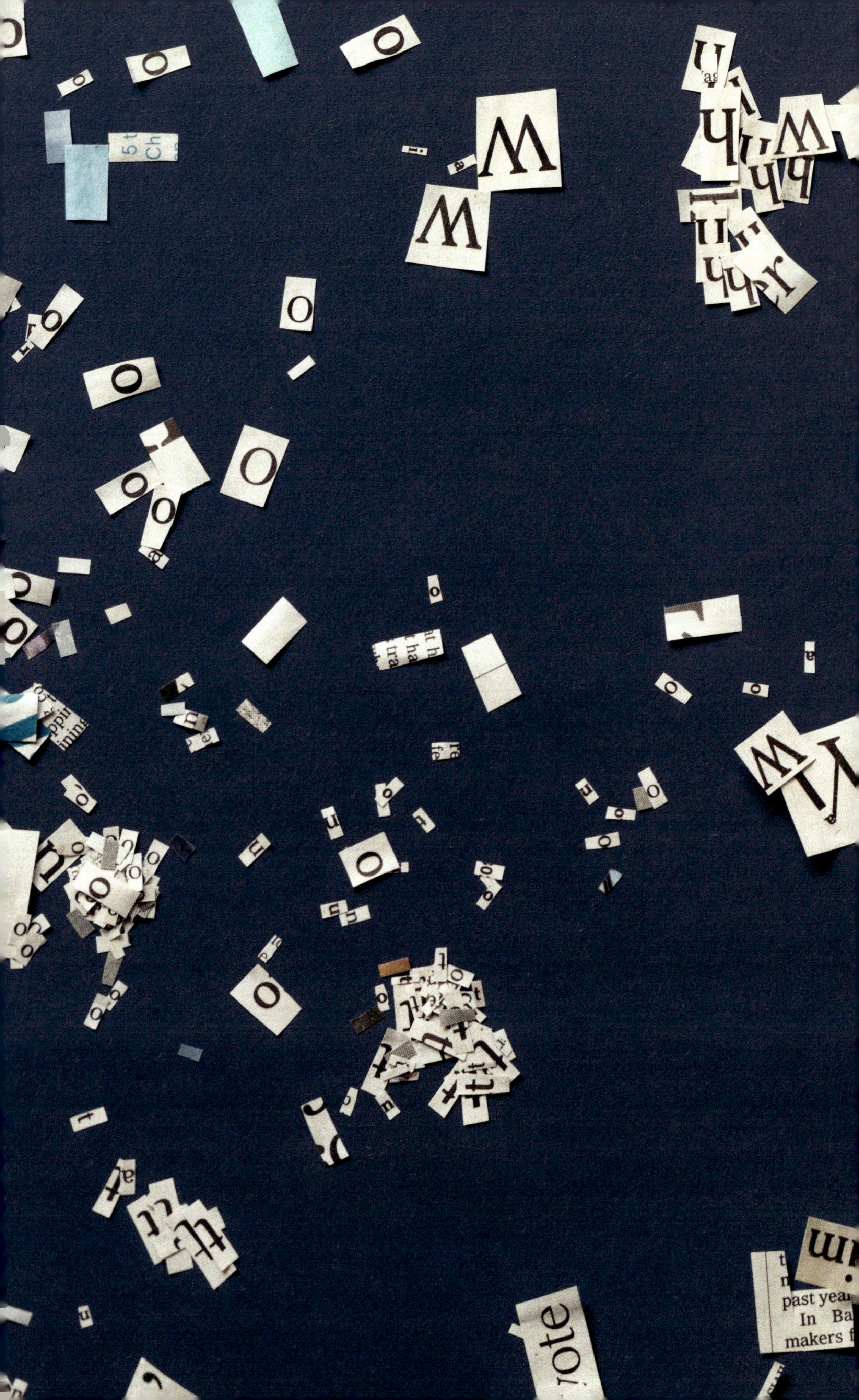

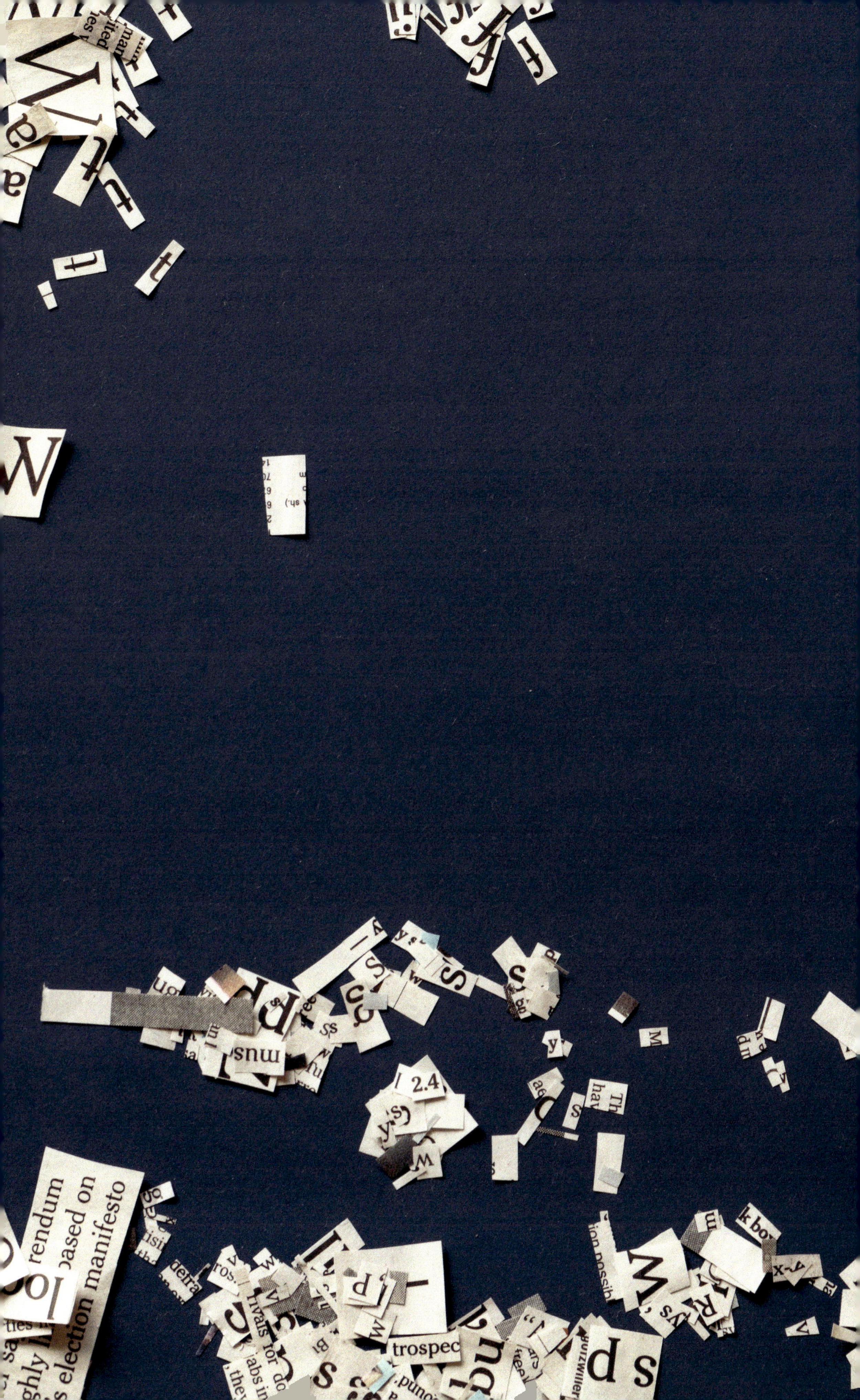

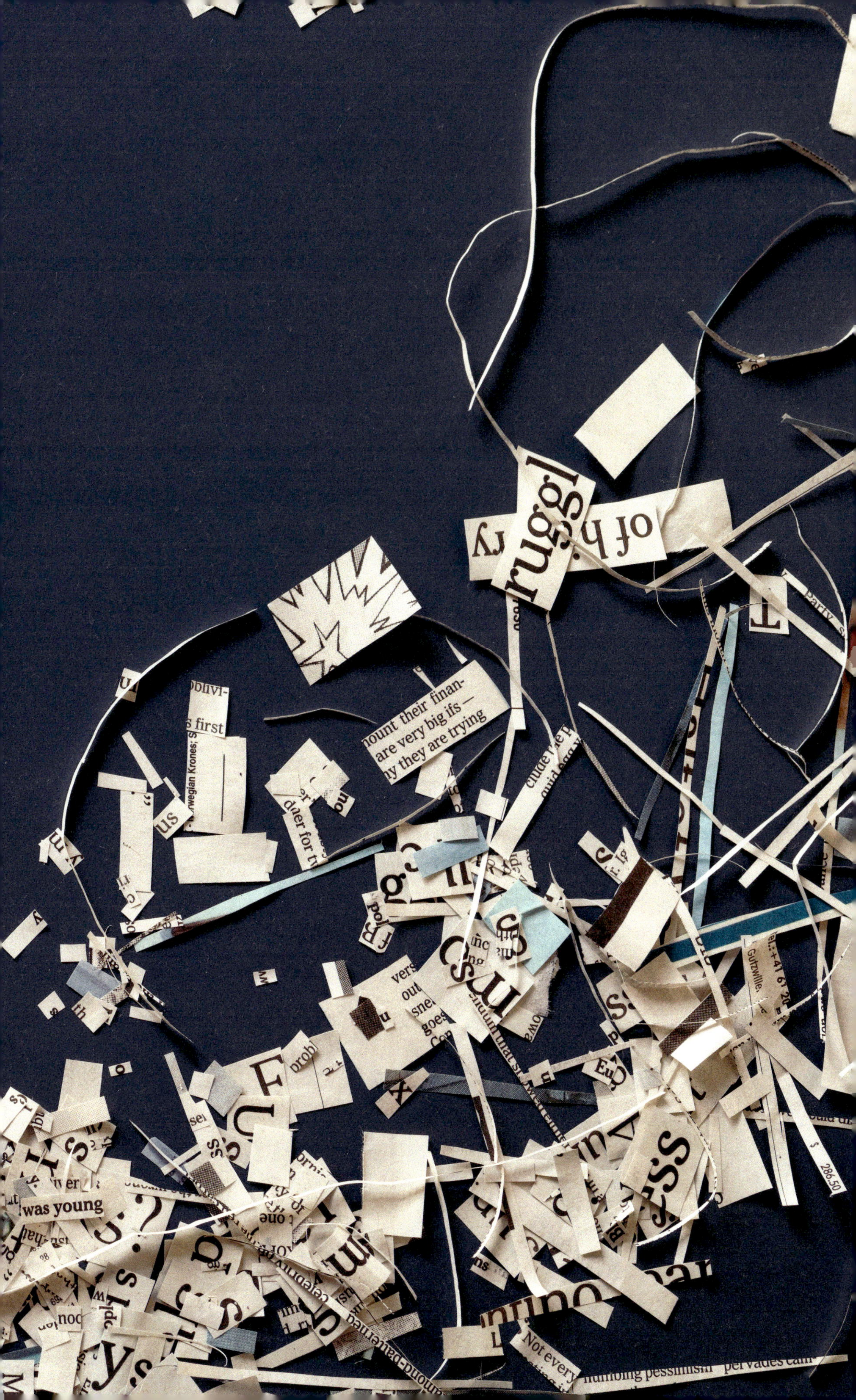

mount their finan-
are very big ifs—
ny they are trying
was young
Not every
numbing pessimism pervades

Monday, June 27, 2016

Most im-

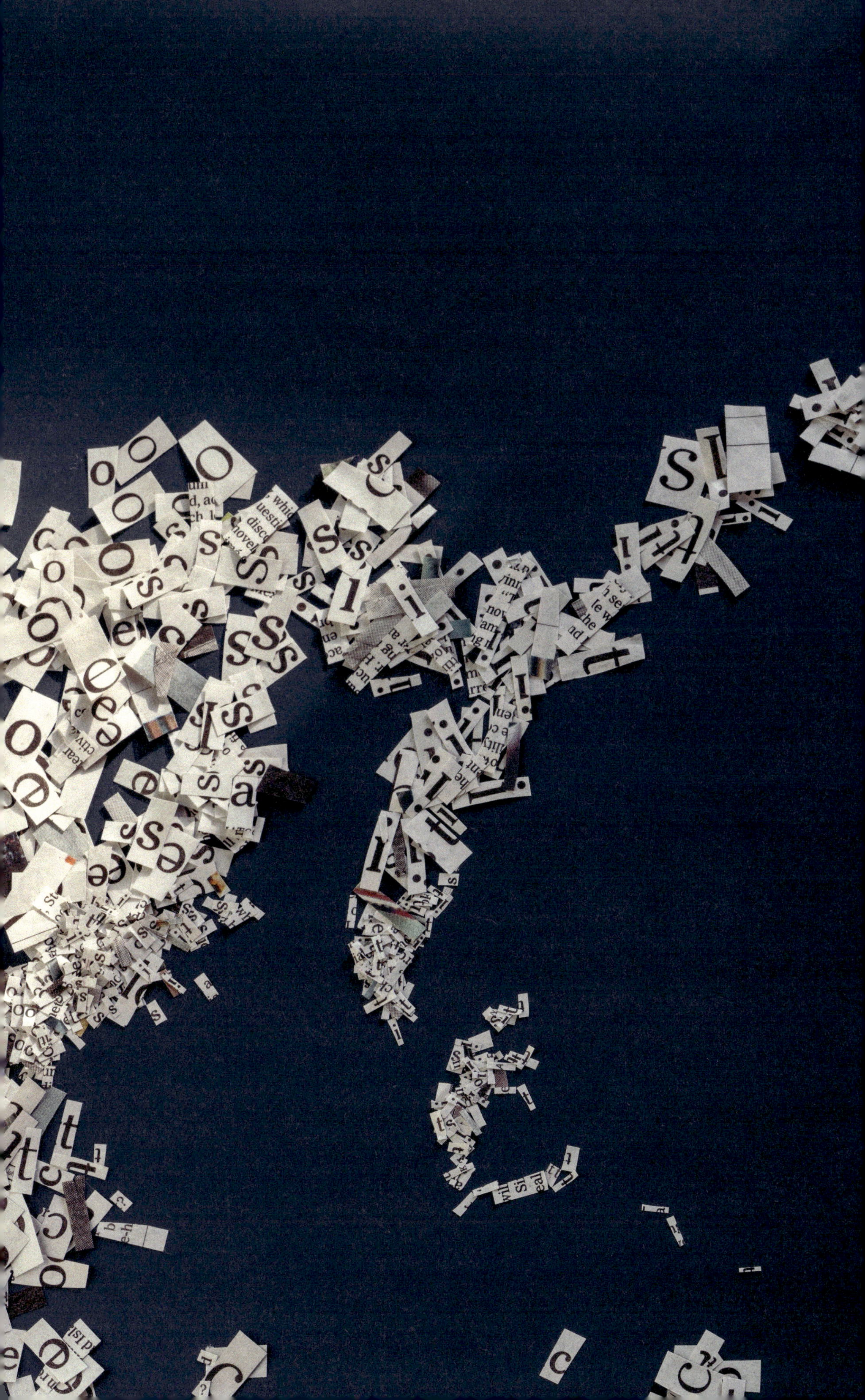

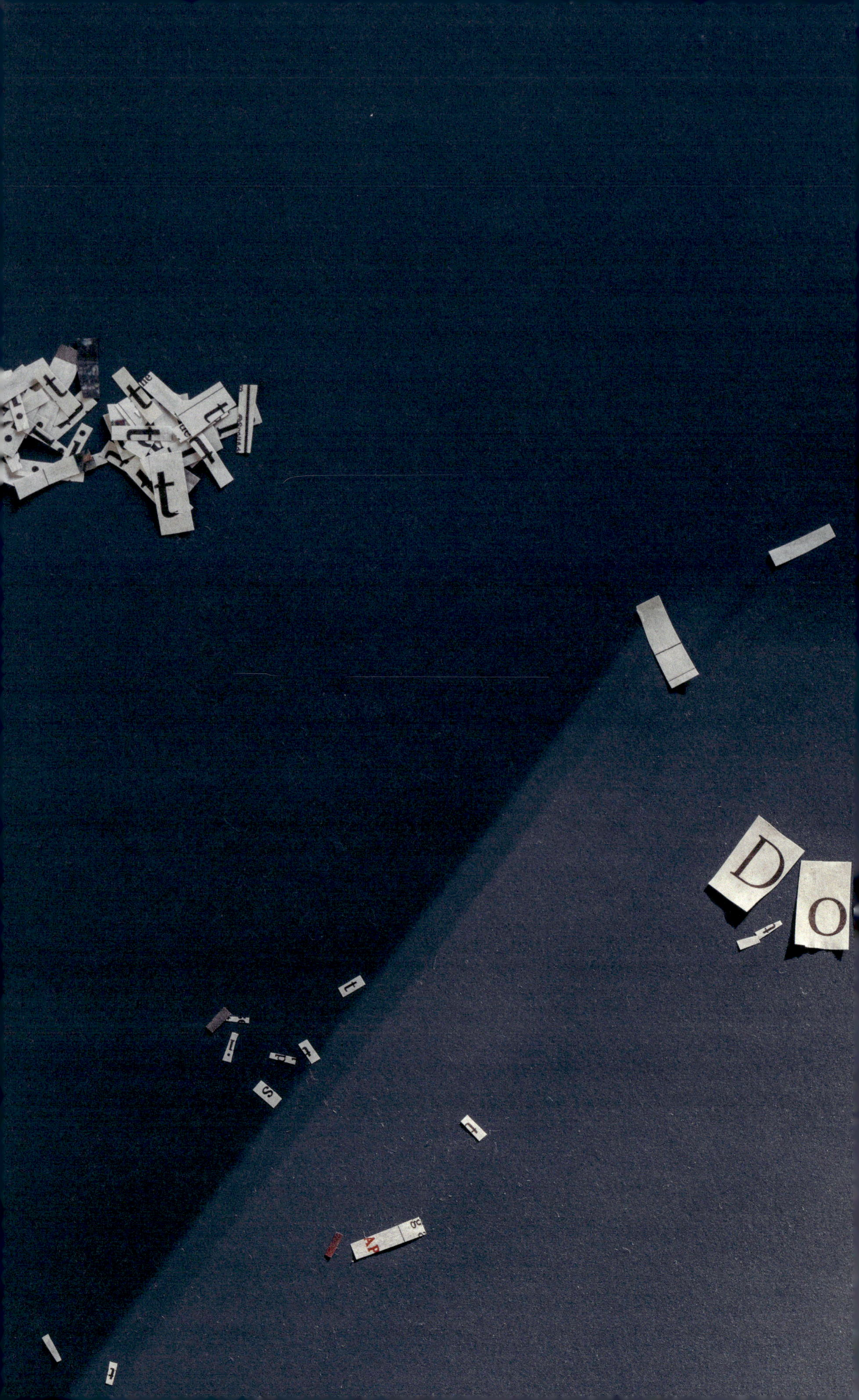

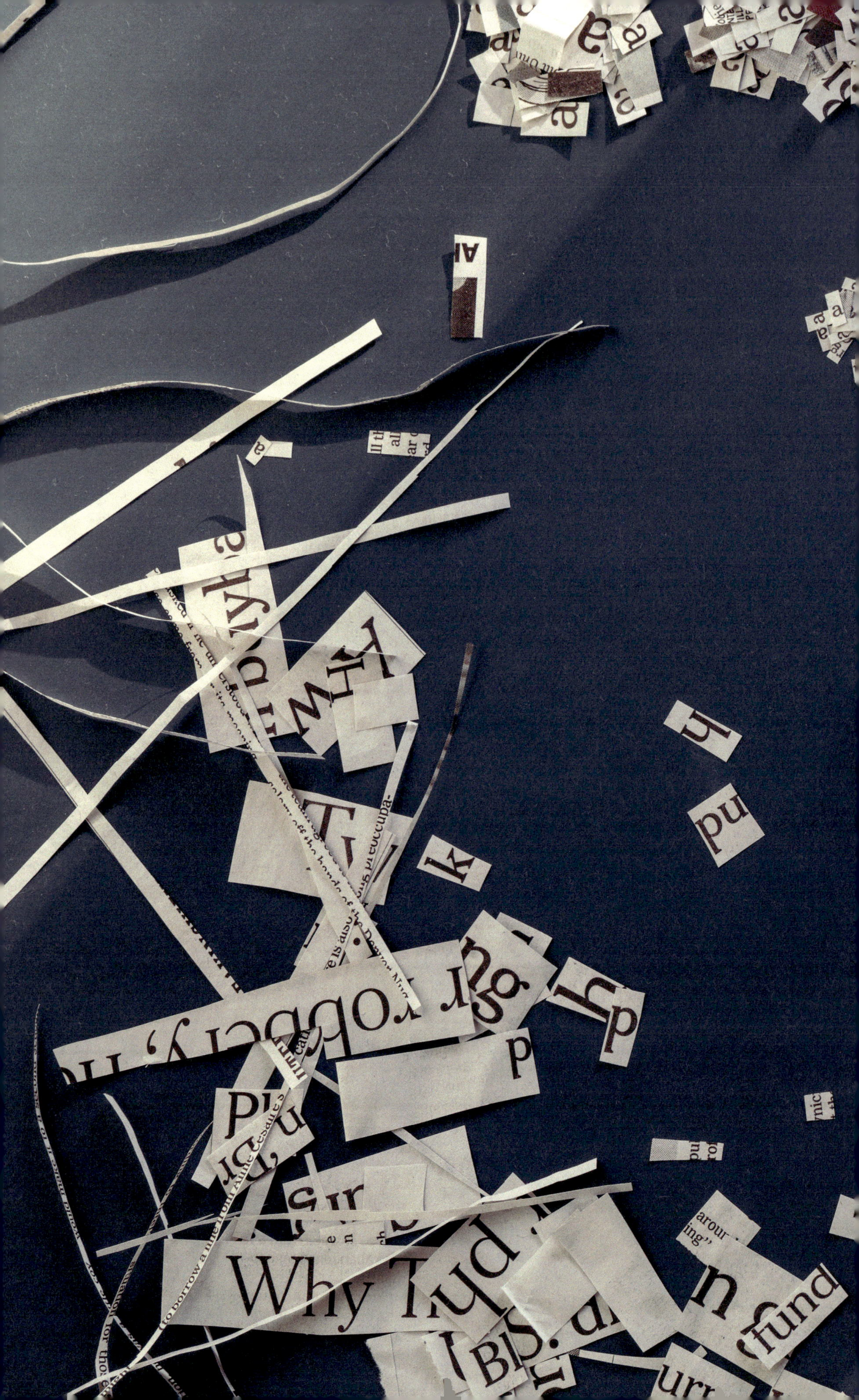

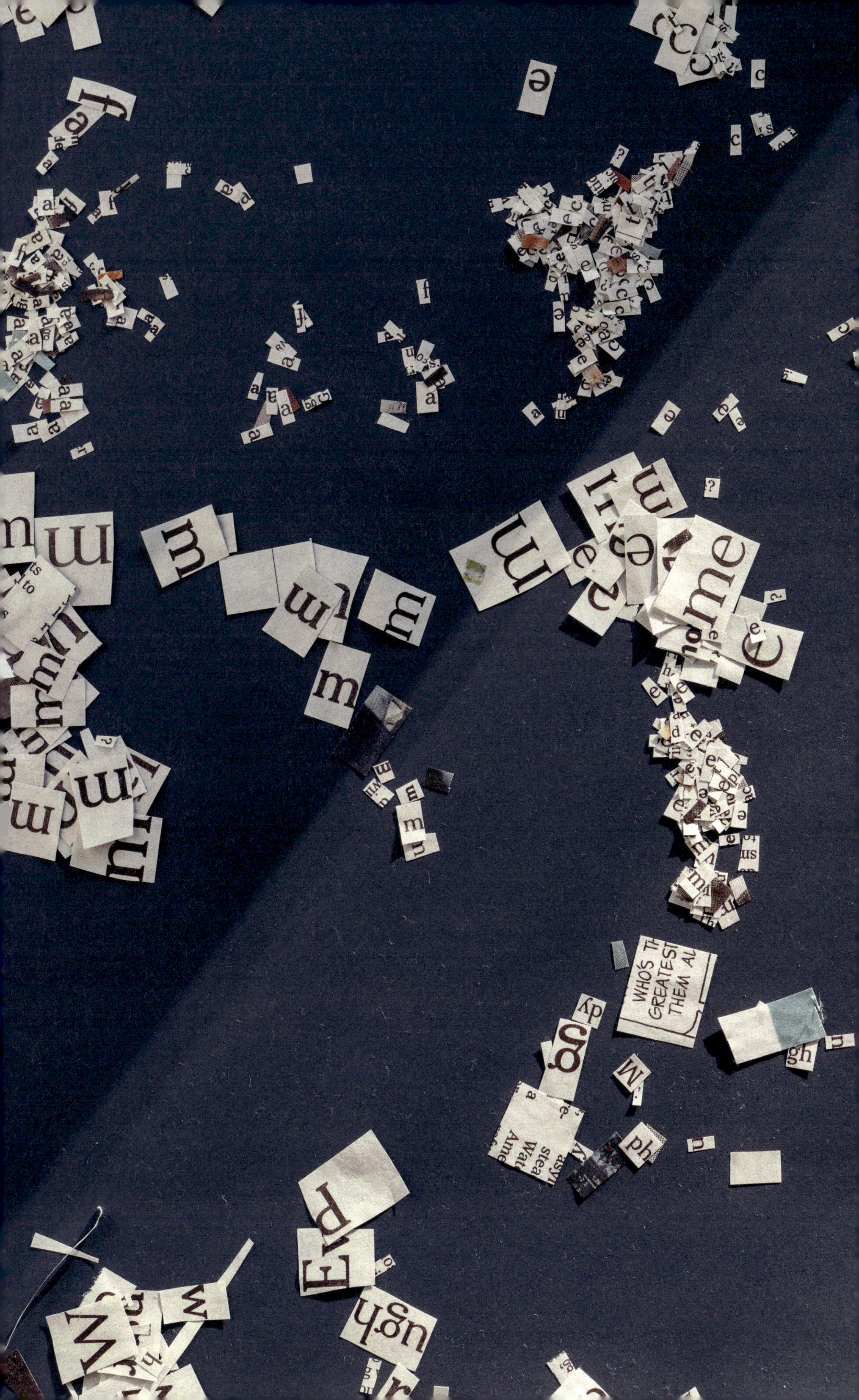
WHO'S TH
GREATEST
THEM AL

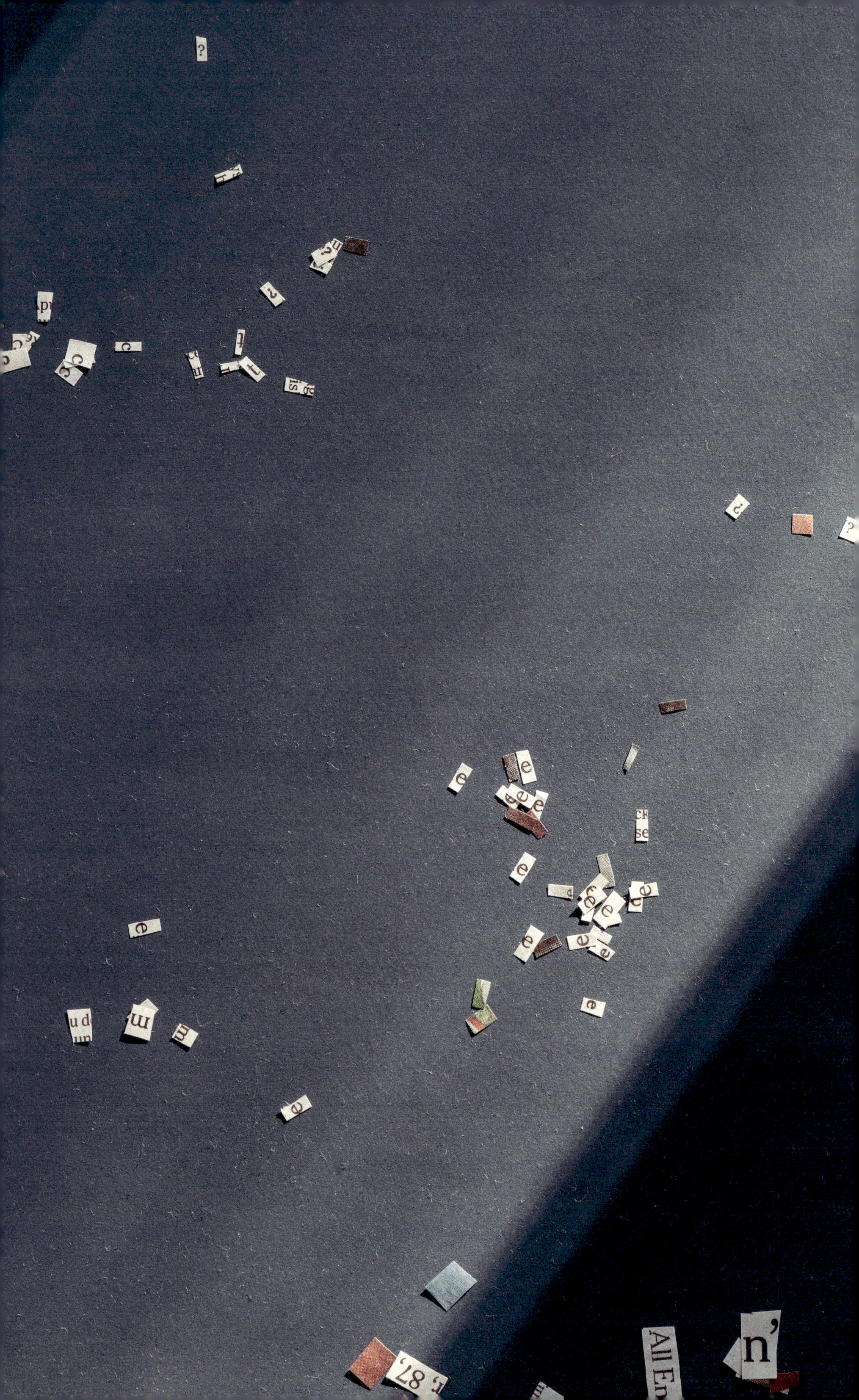

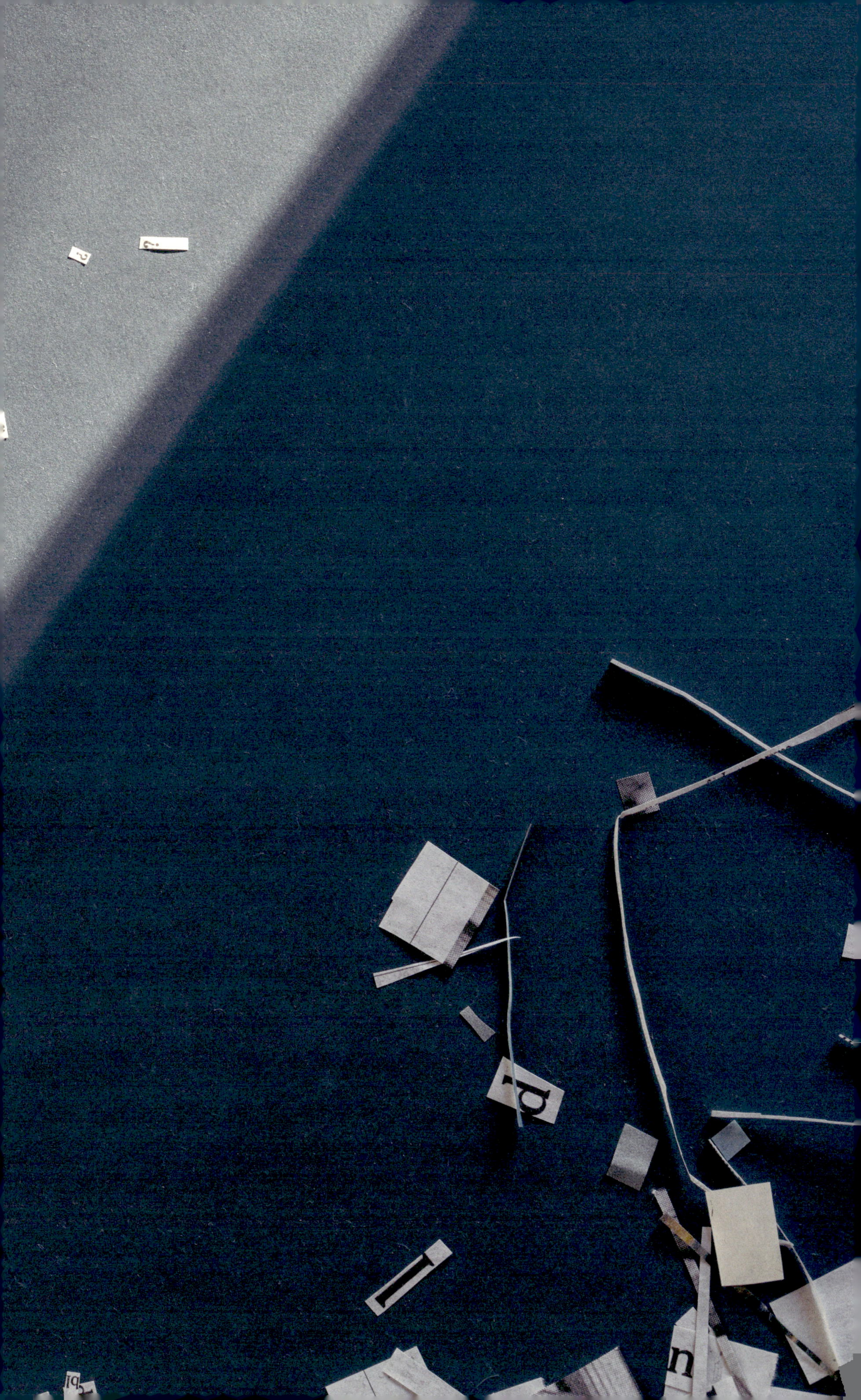

Tuesday, June 28, 2016

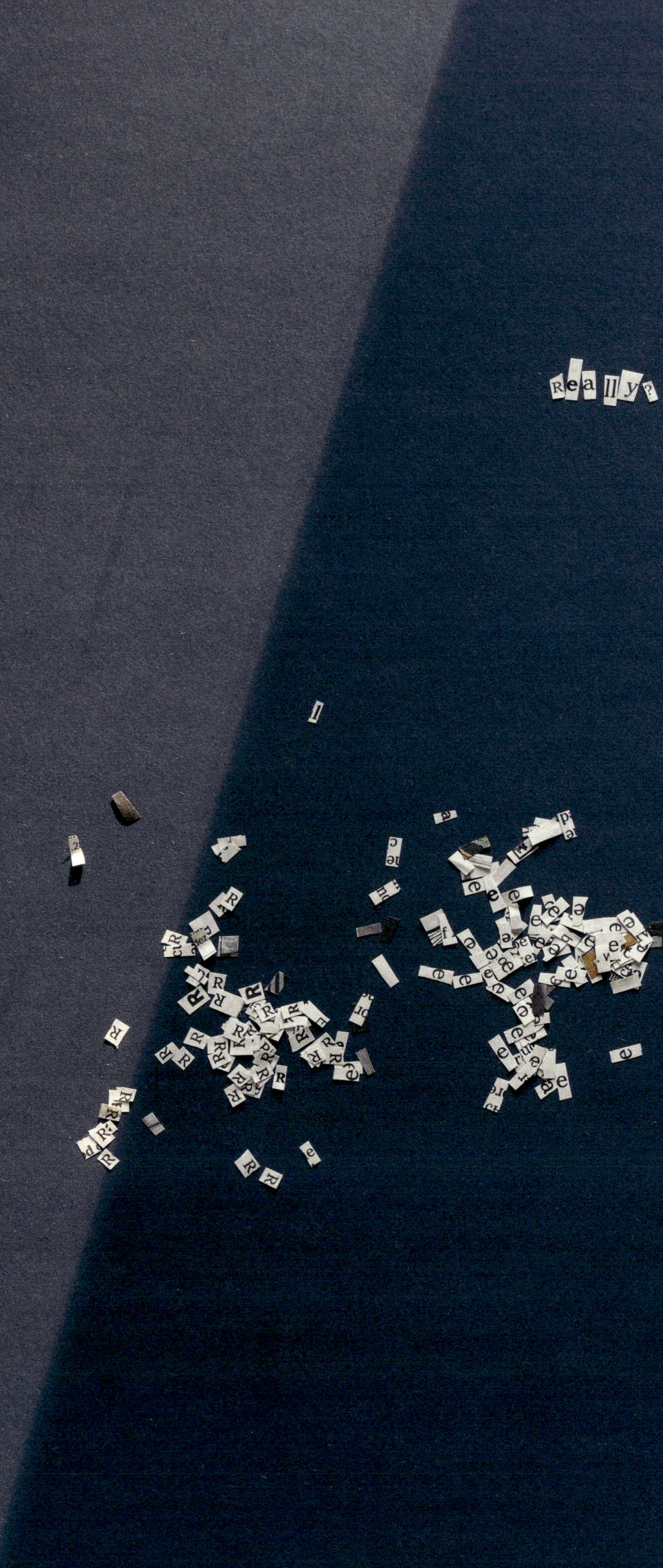
Really?

Really?

lly?

Really?

Re

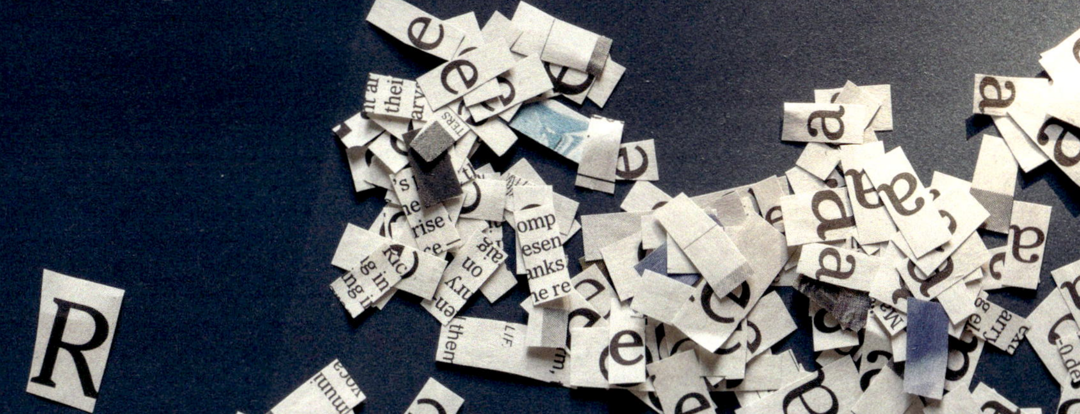

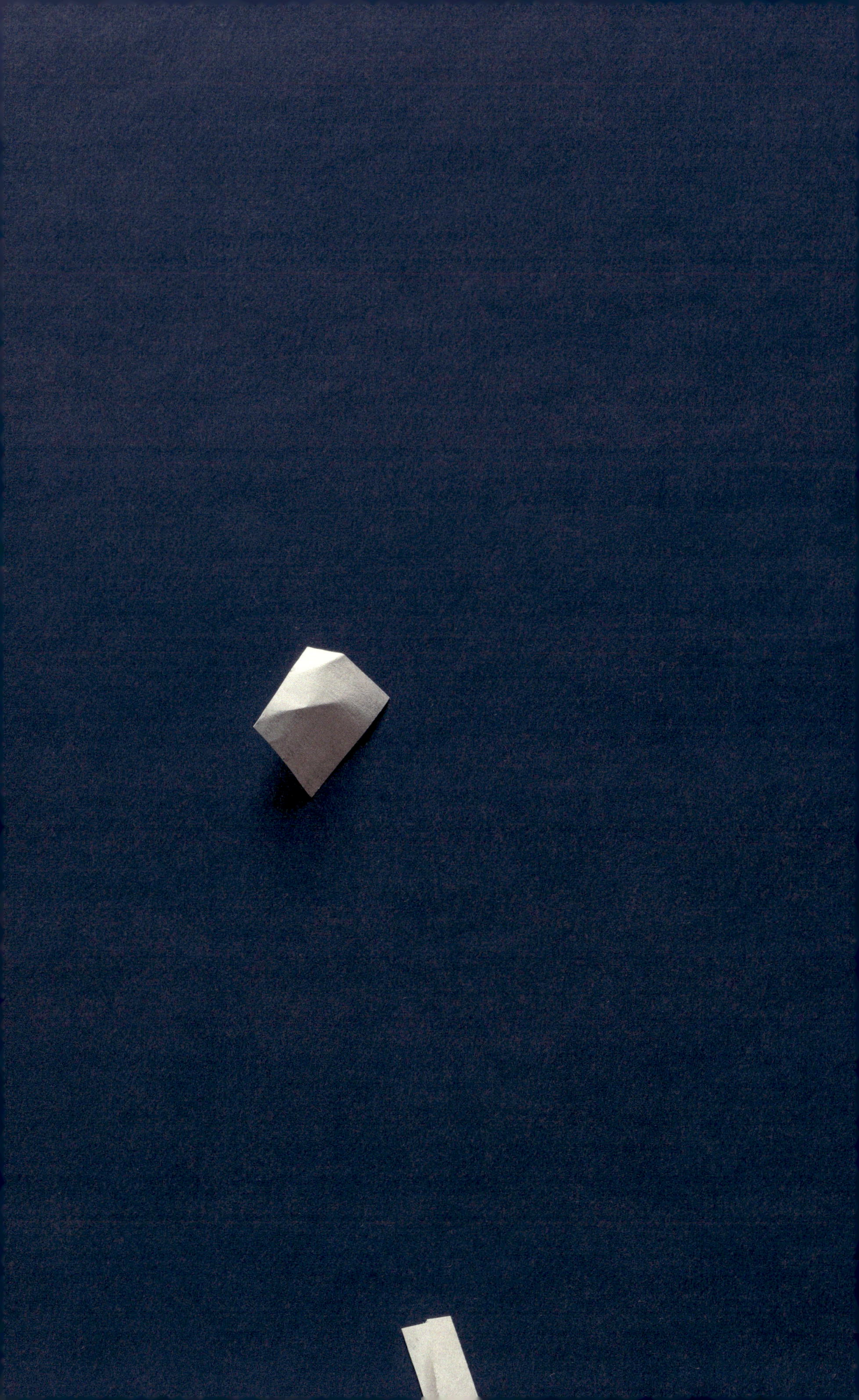

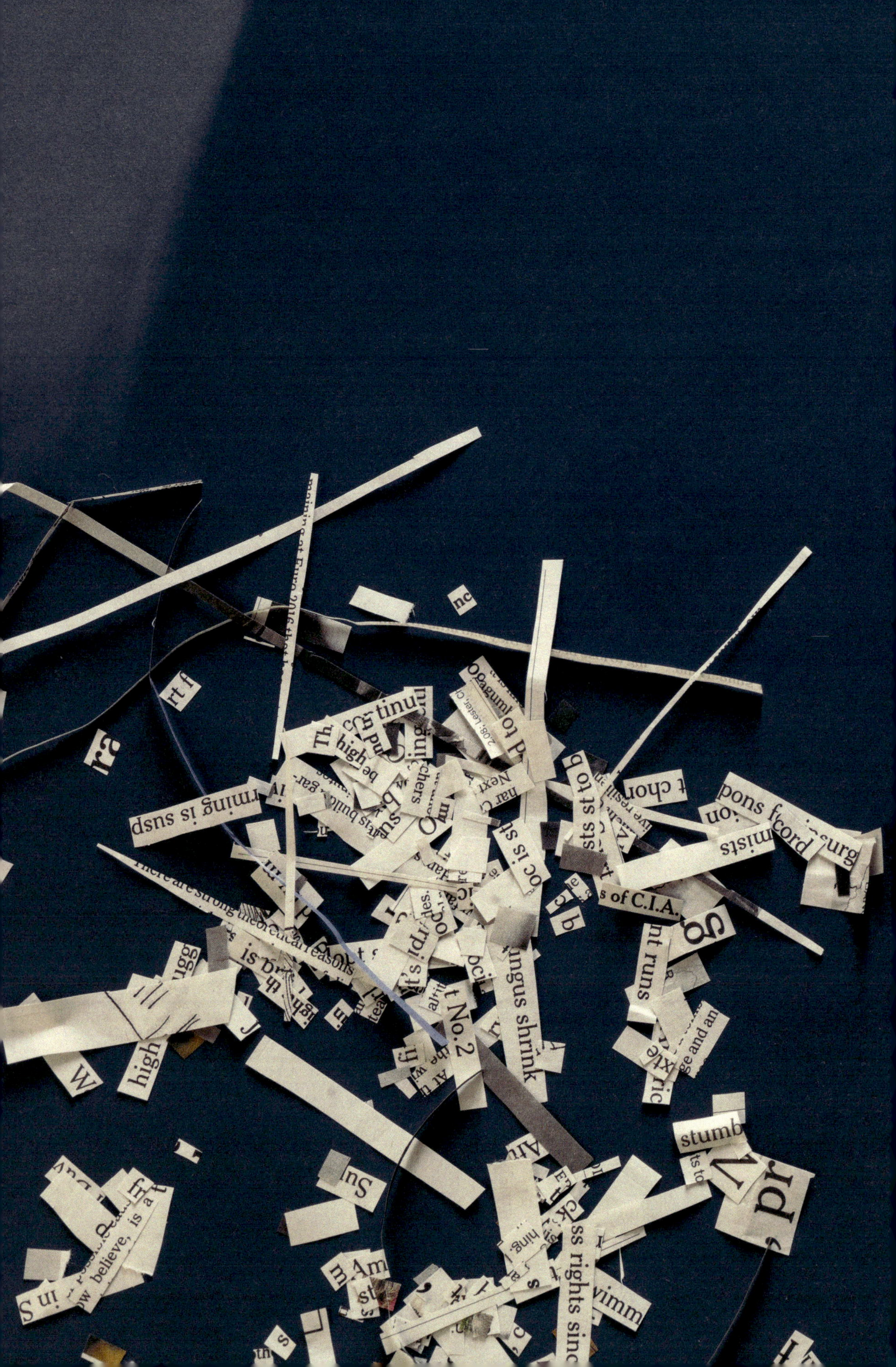

rming is susp
s of C.I.A.
ungus shrink
t No. 2
ss rights sinc
stumb
nt runs
mists

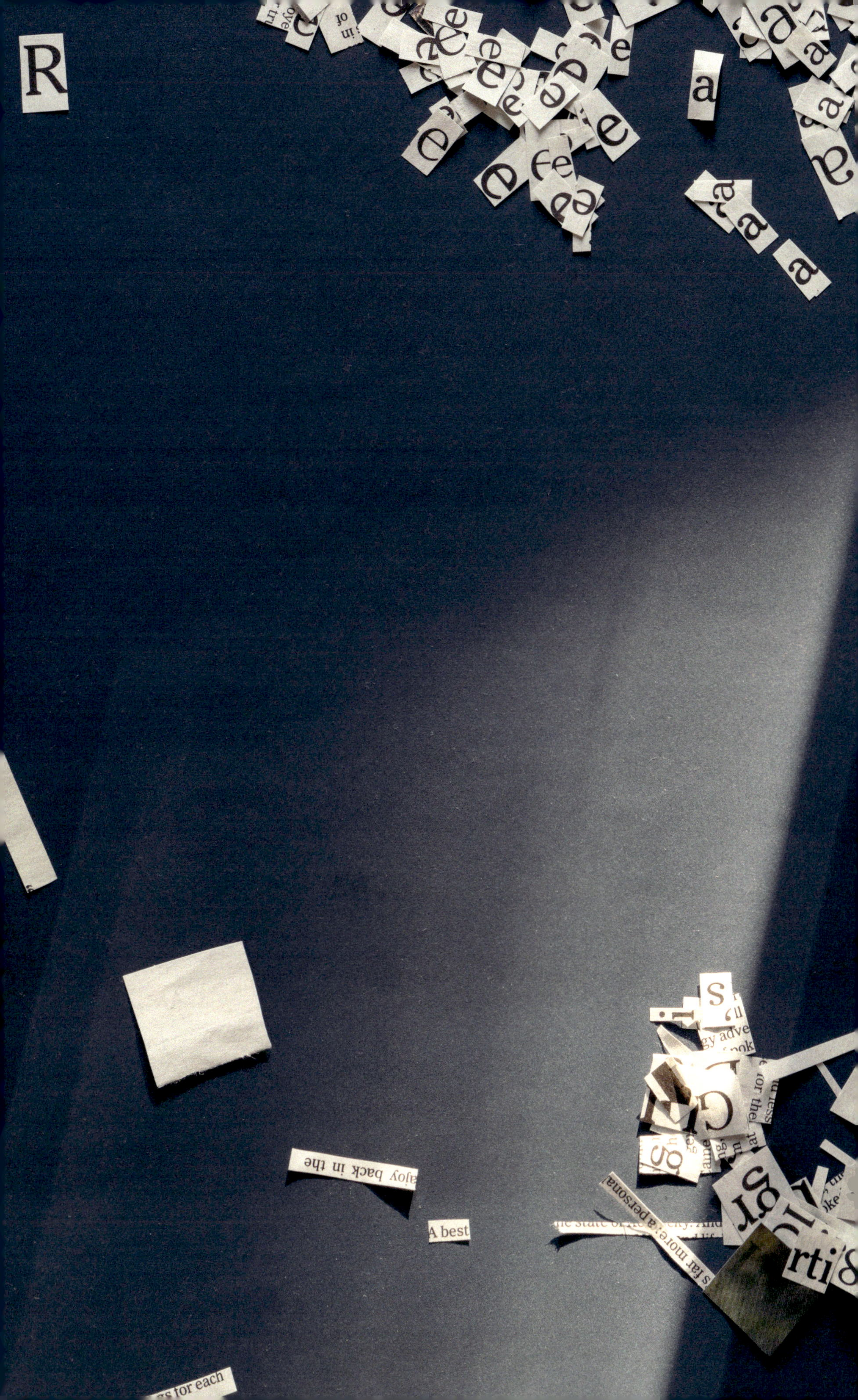
R
A best
gs for each

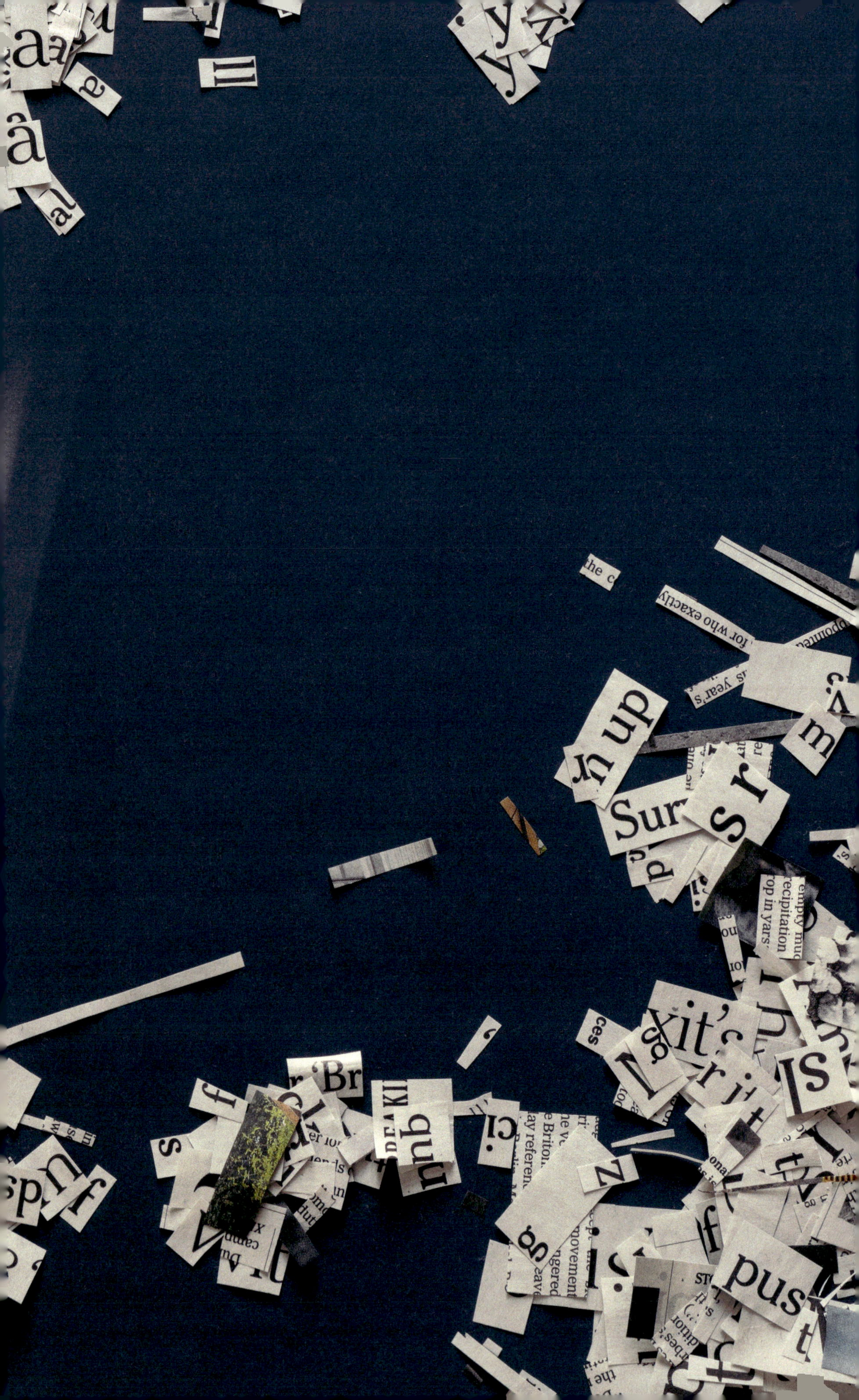

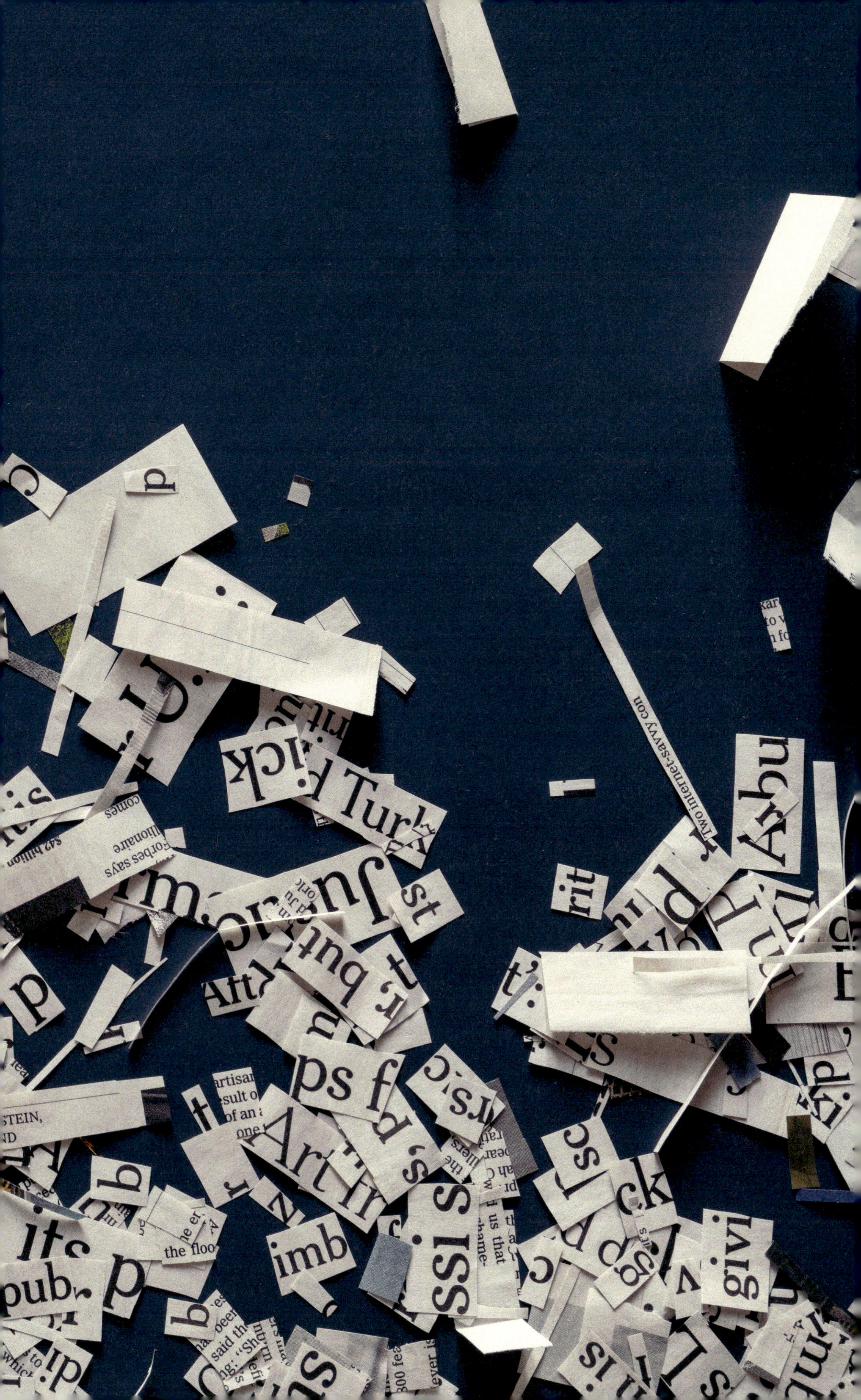

Wednesday, June 29, 2016

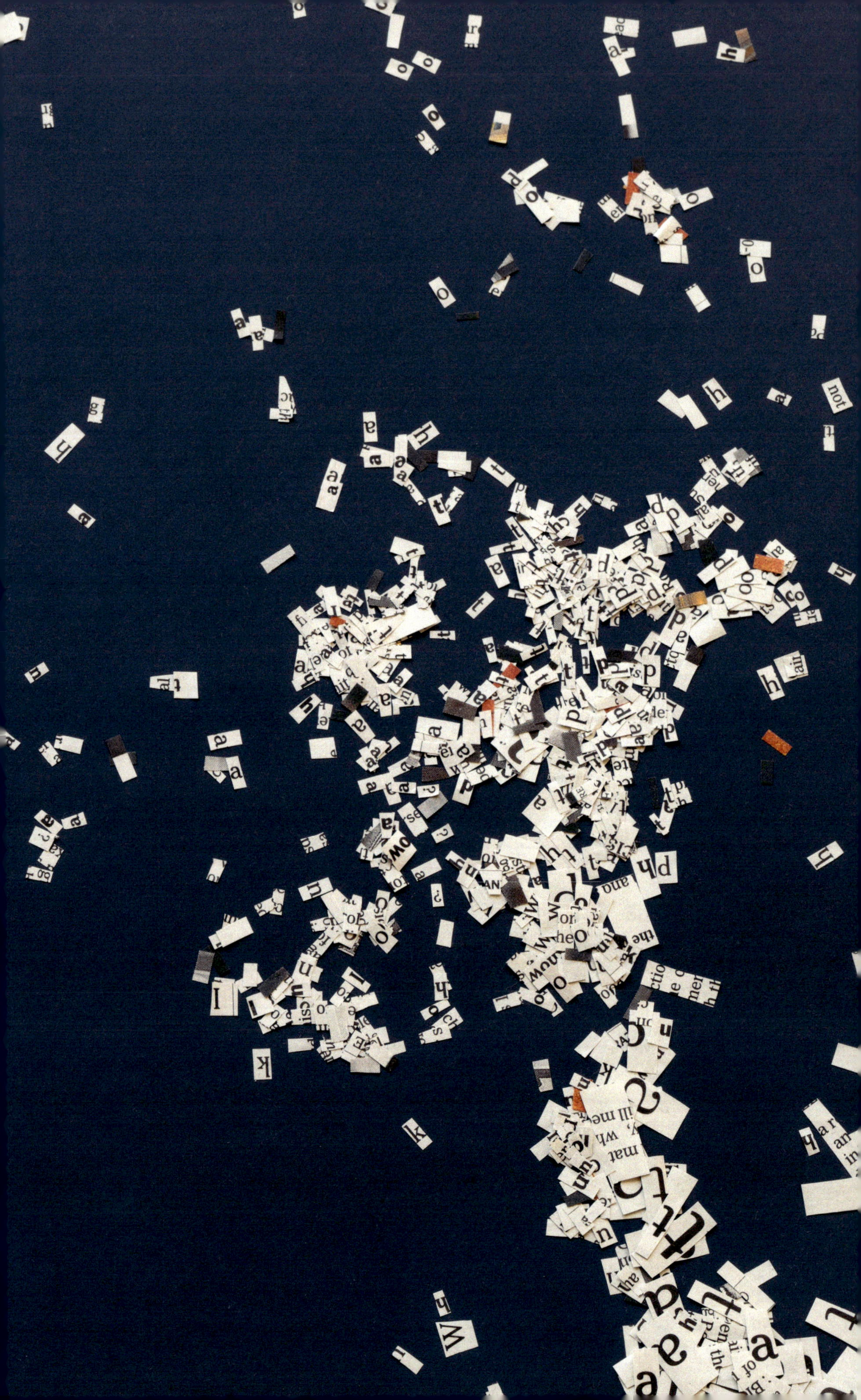

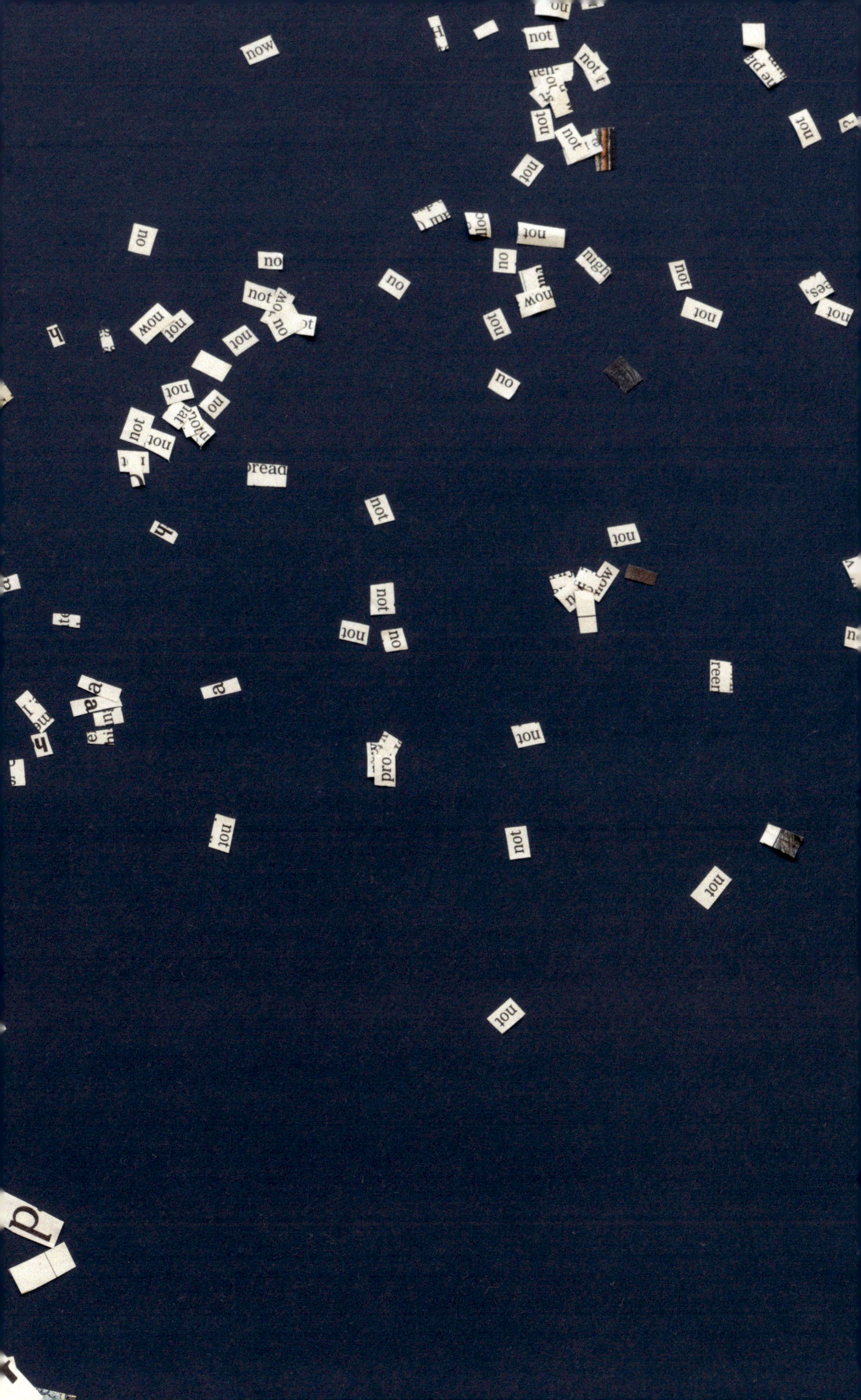

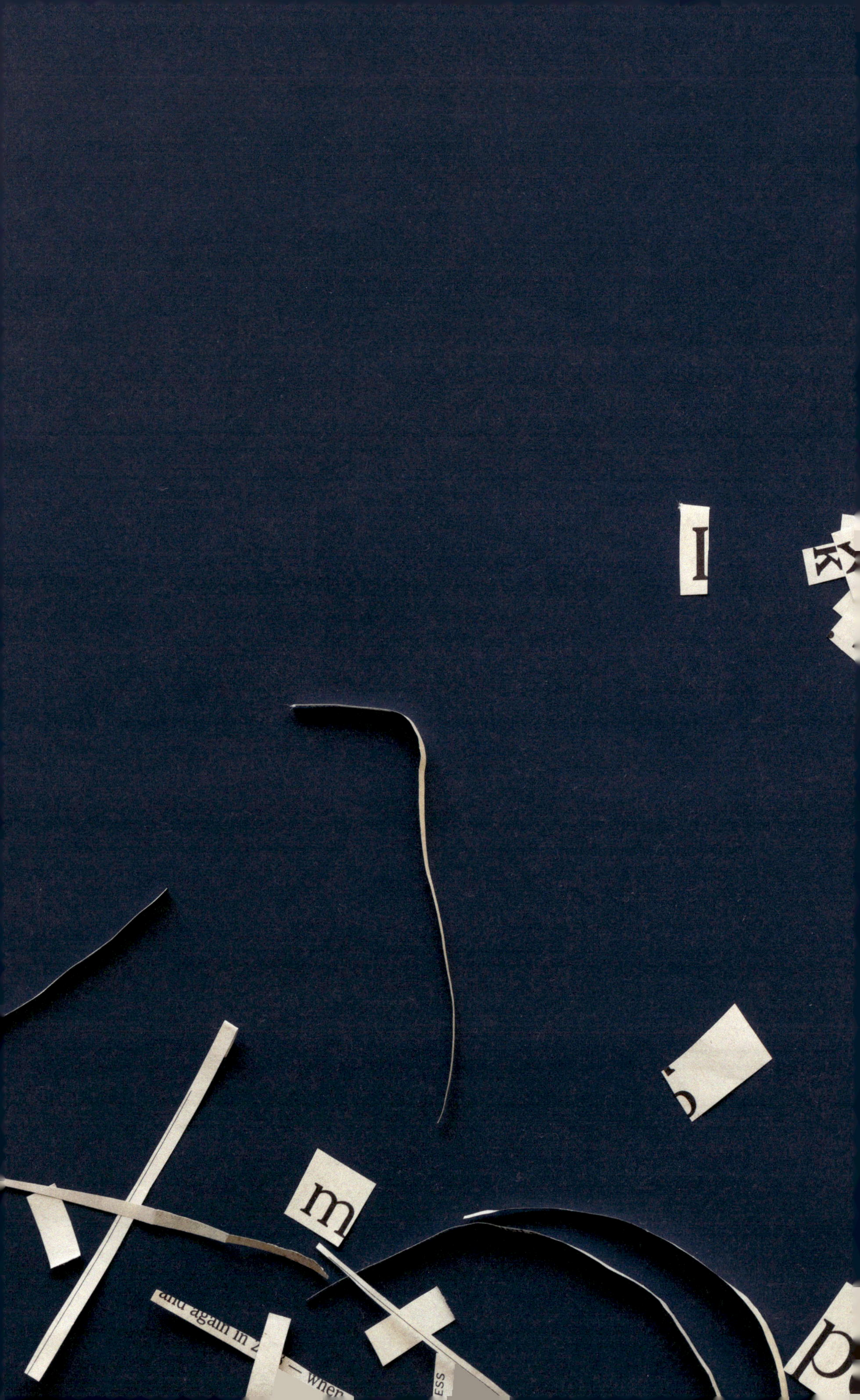
I
m
and again in
— wher
ESS
p

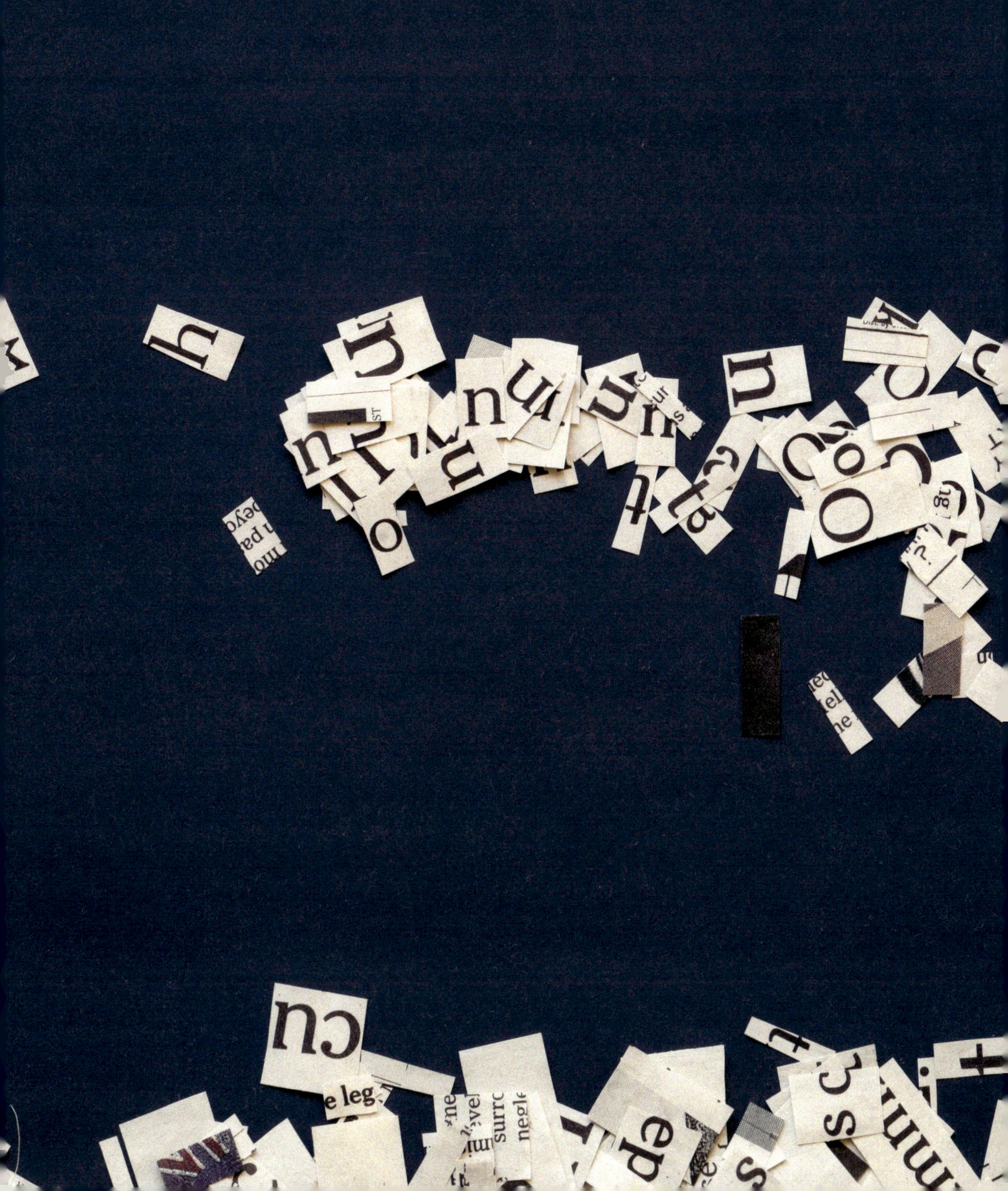

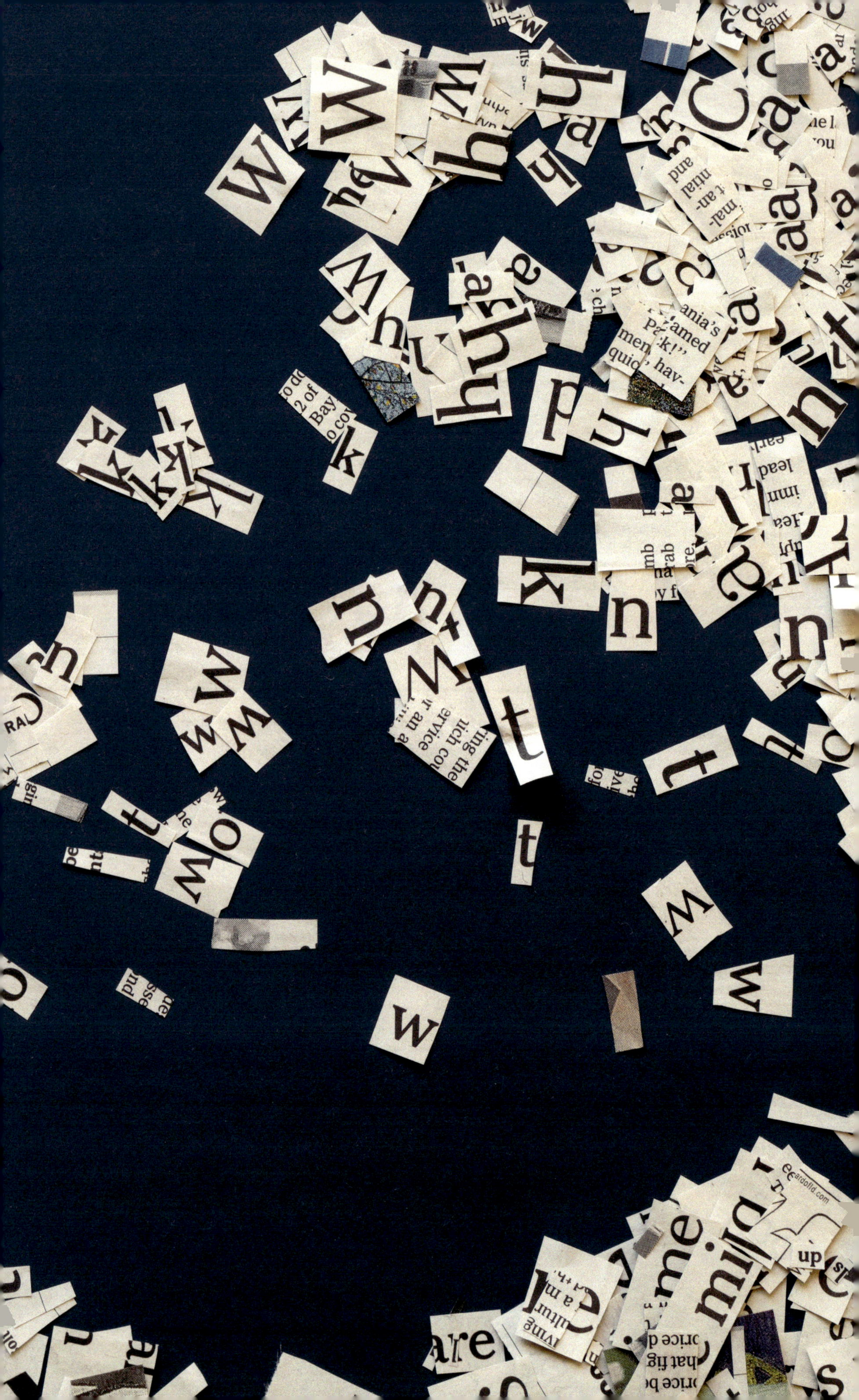

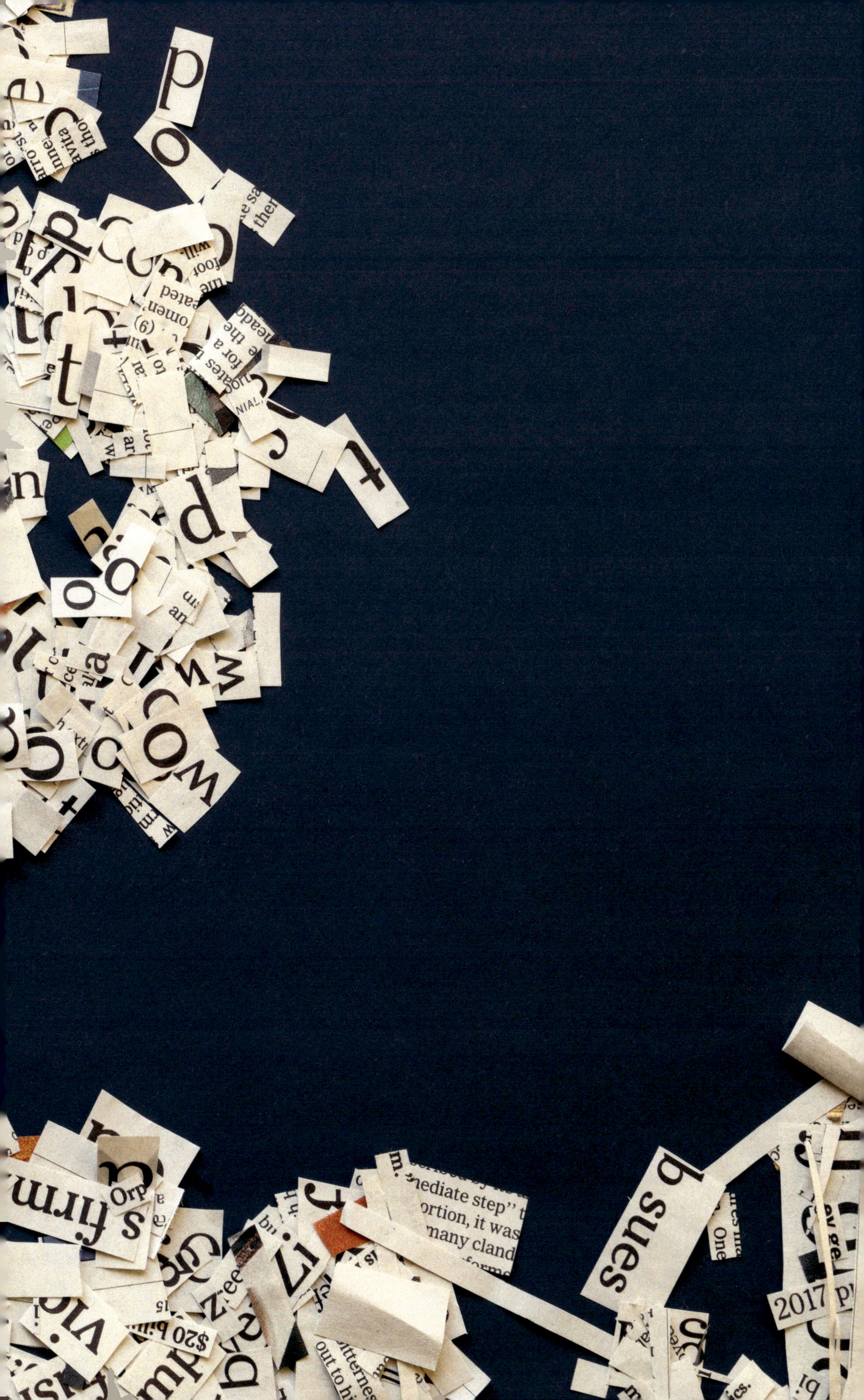

Thursday, June 30, 2016

Now
Now

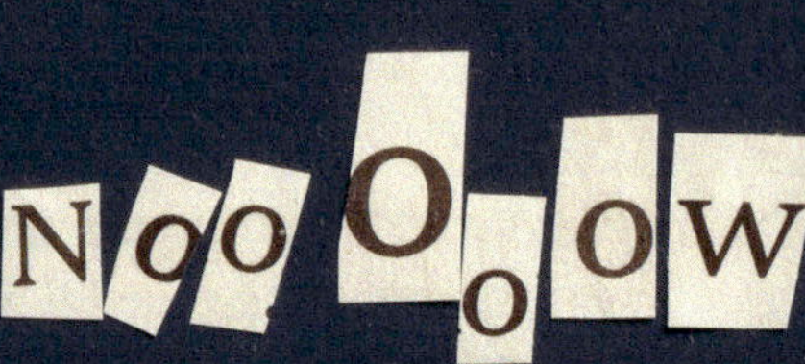
NOoOoOow

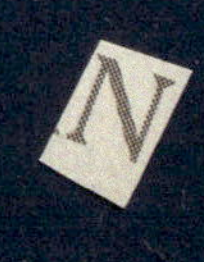
N

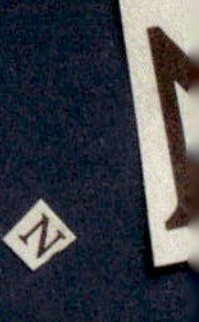

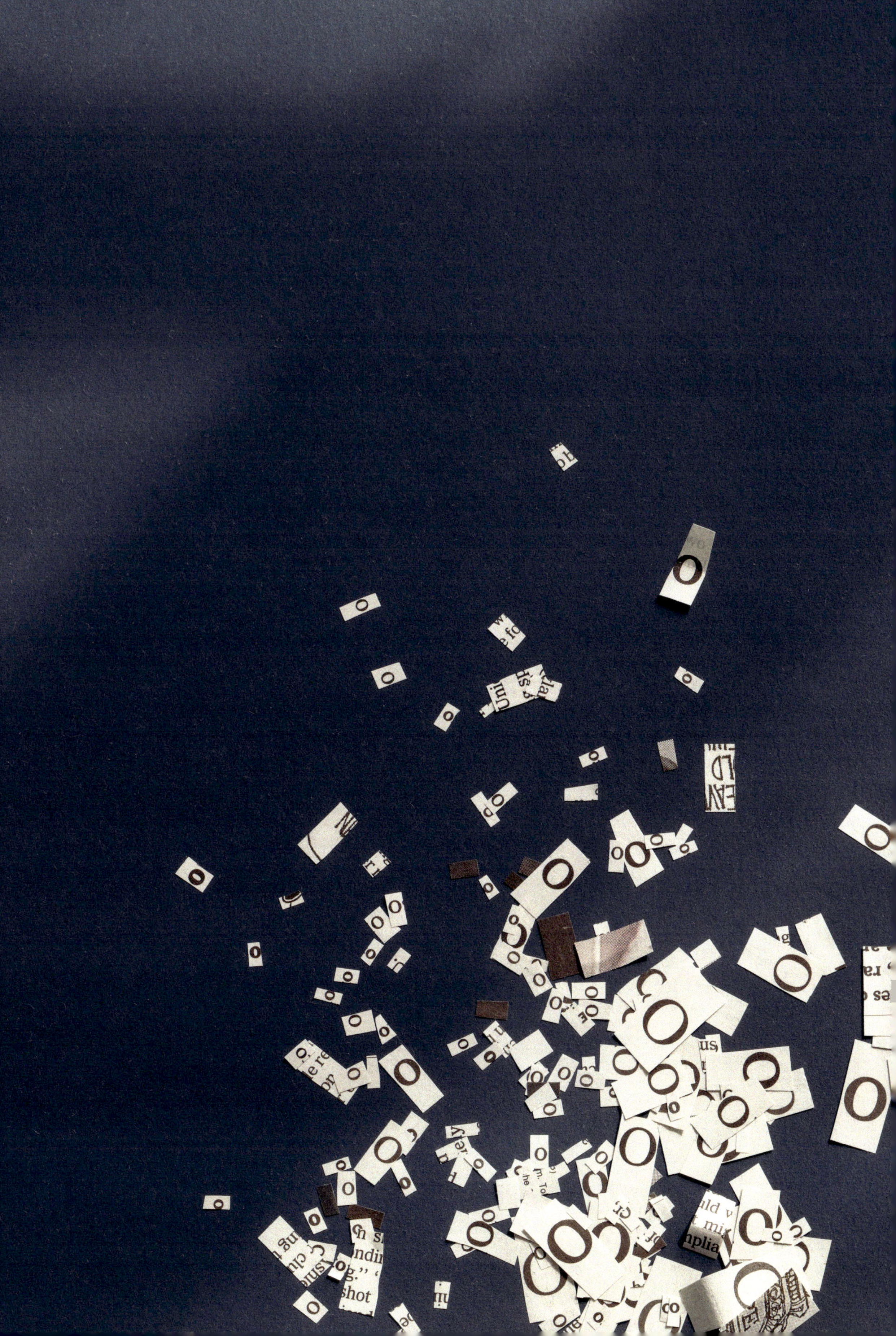

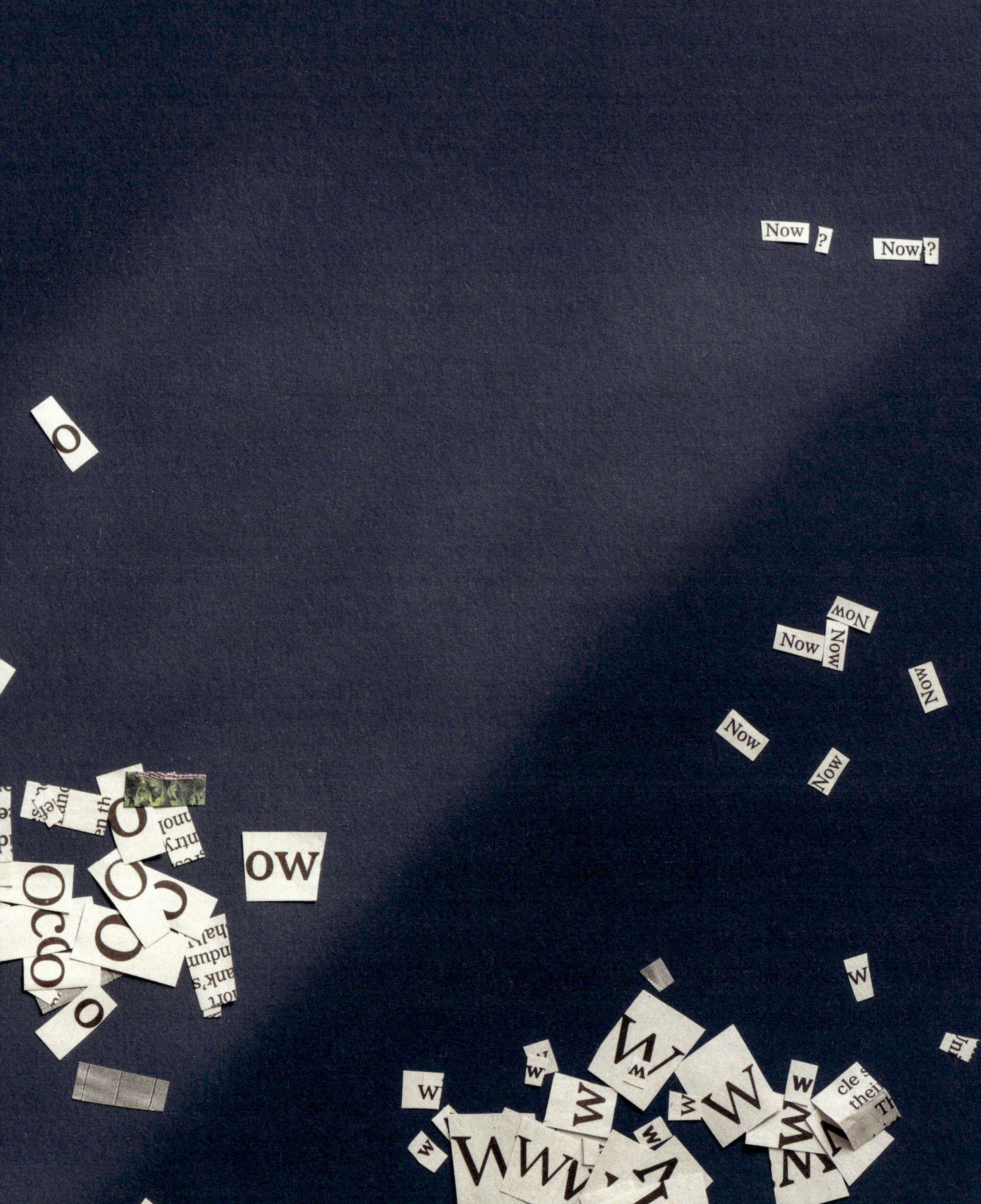
Now ? Now?

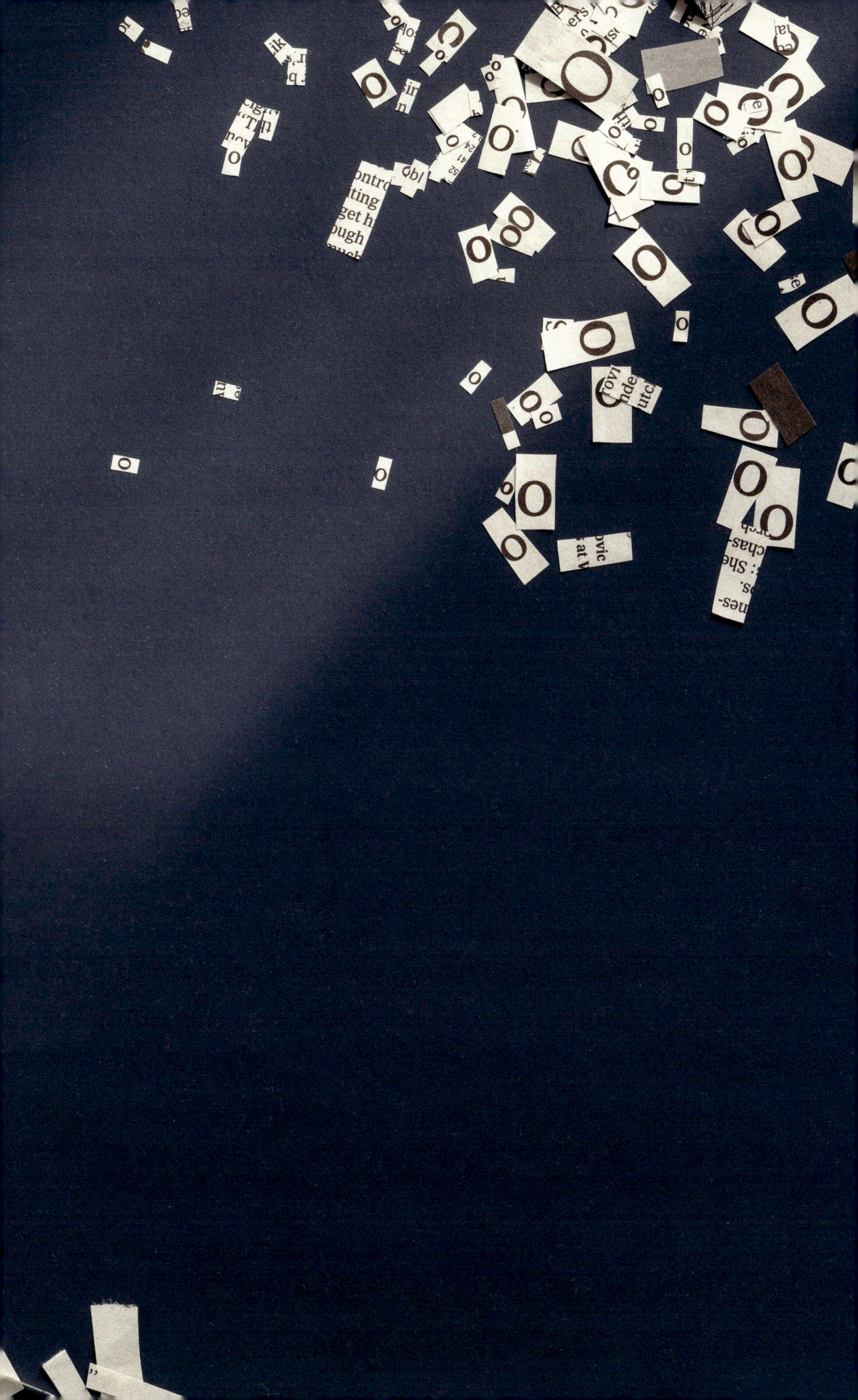

Friday, July 1, 2016

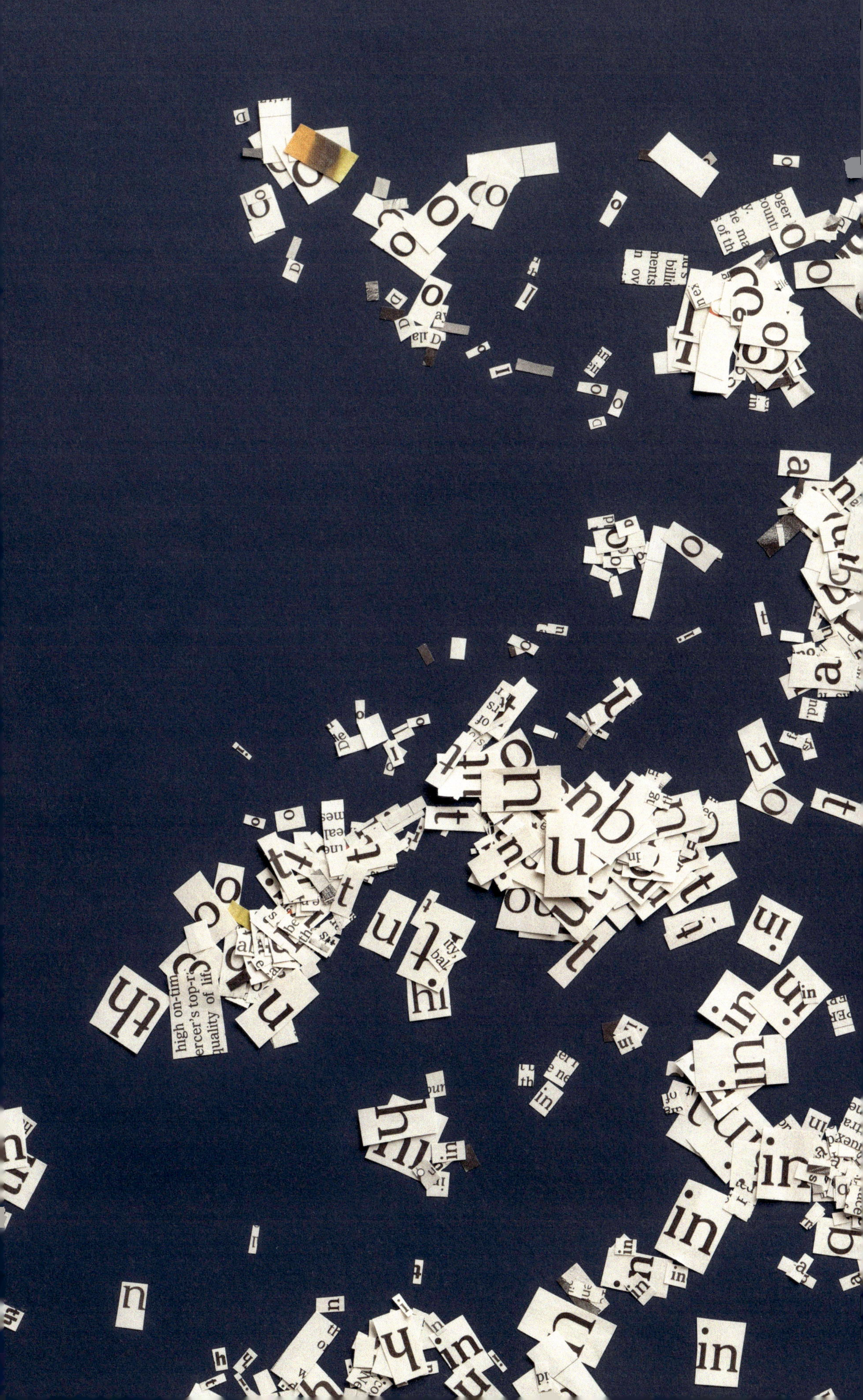

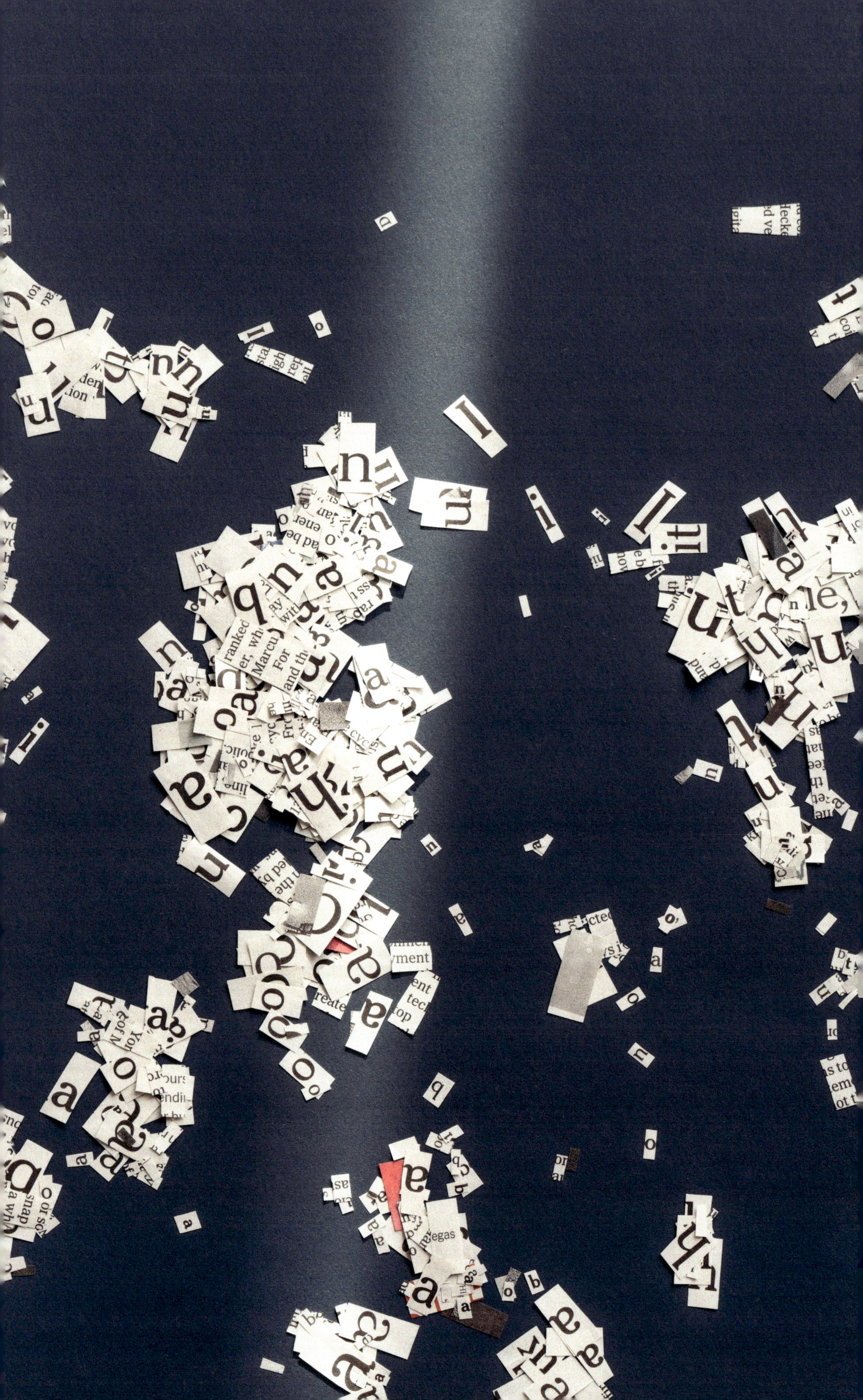

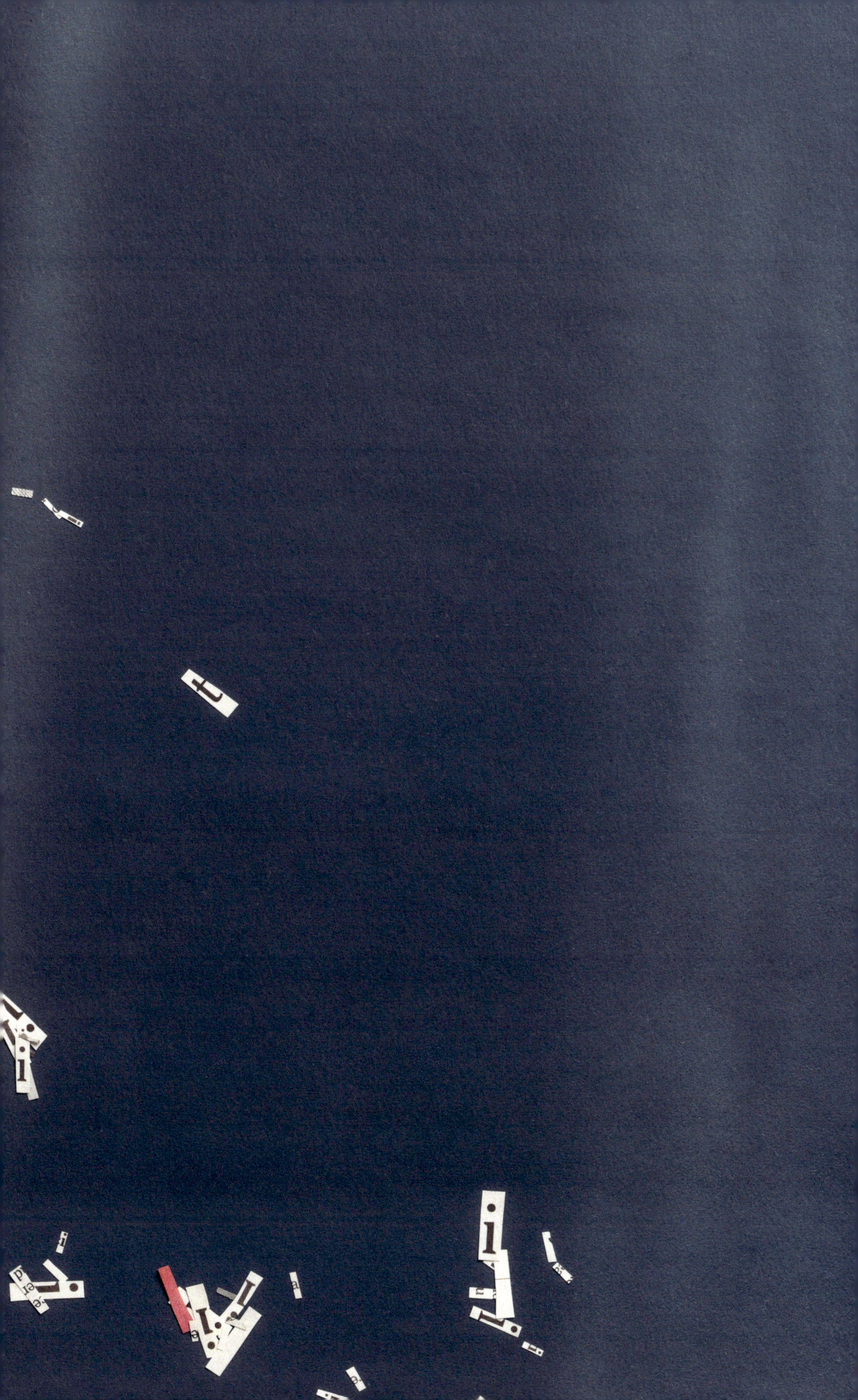

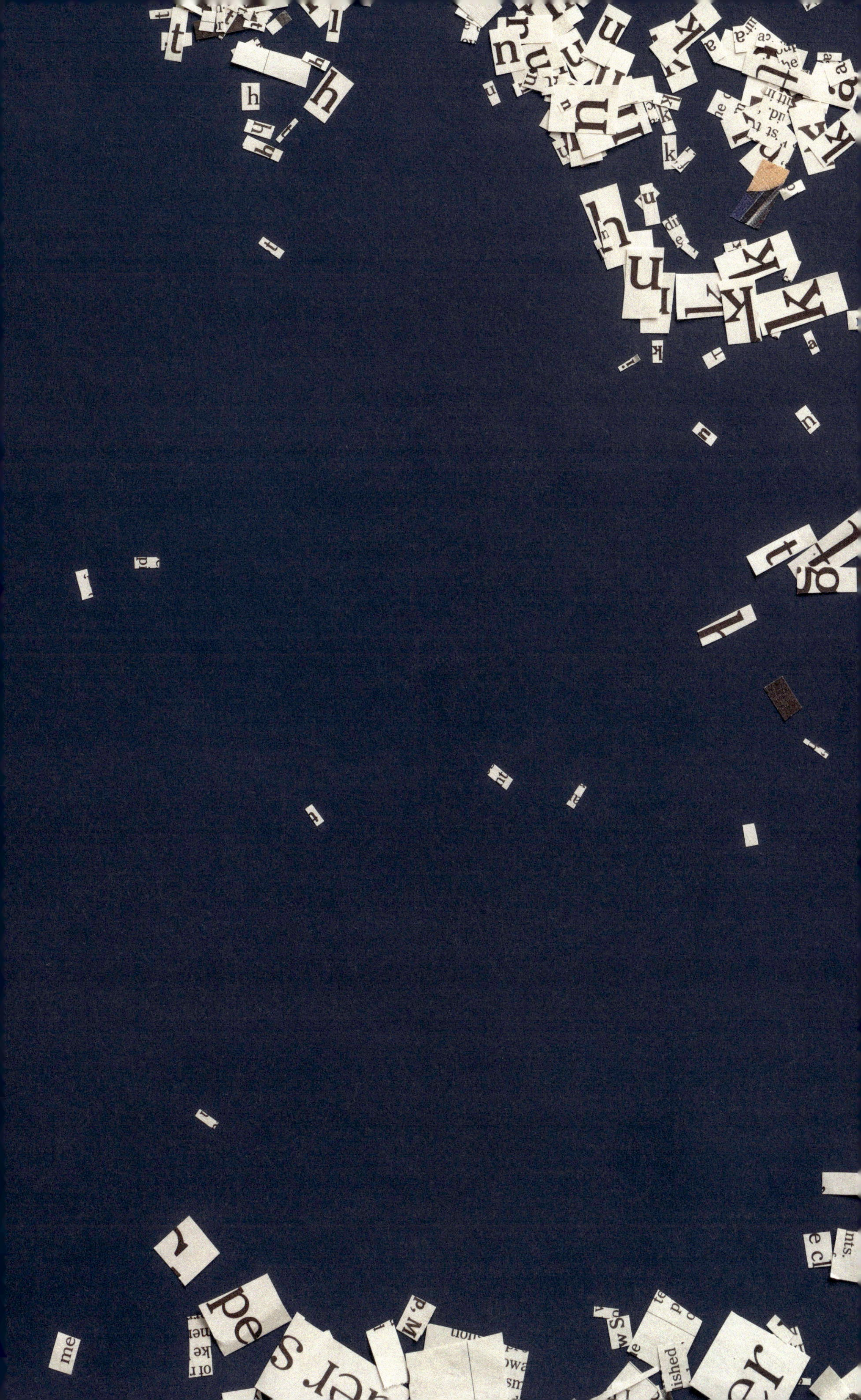

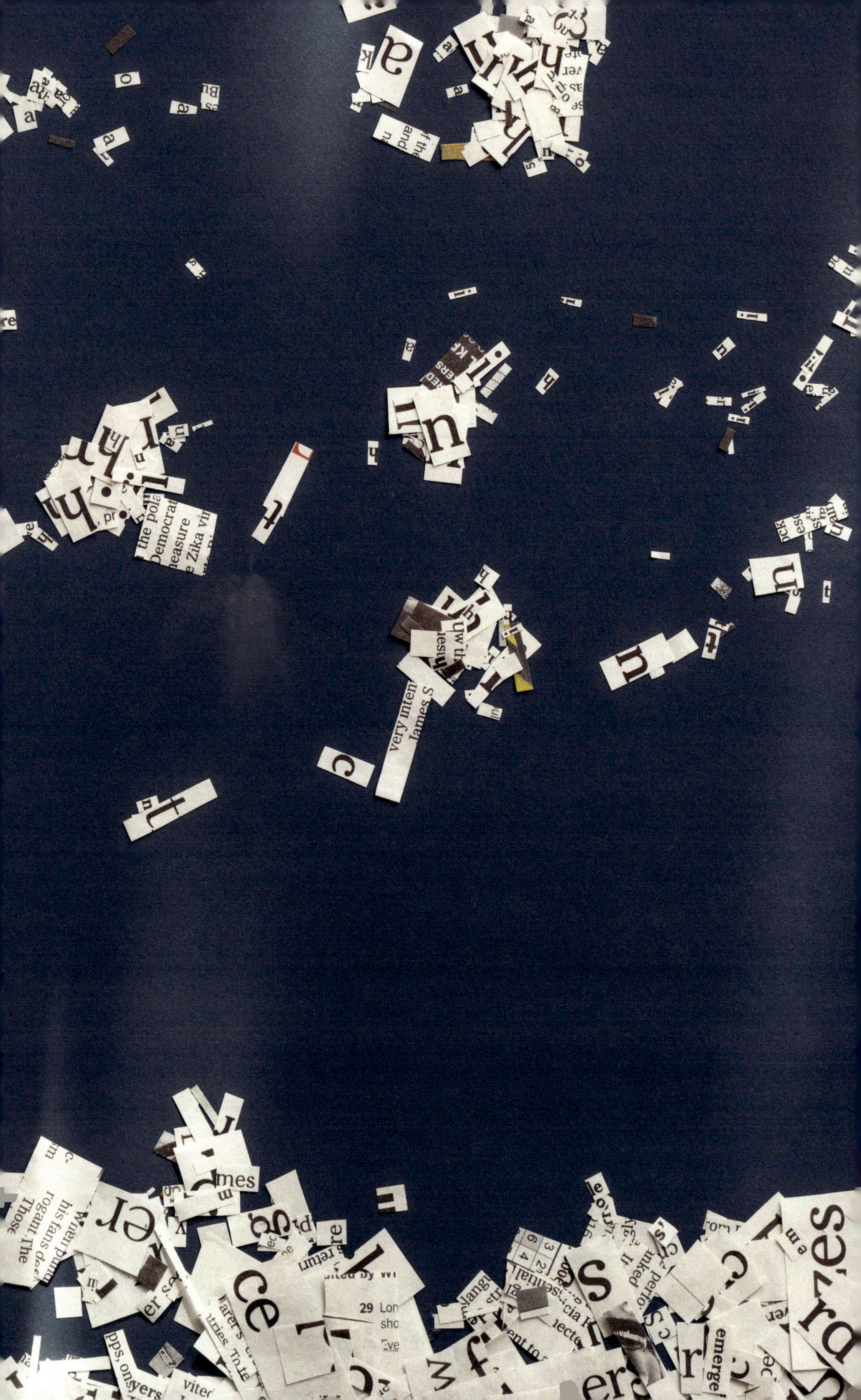

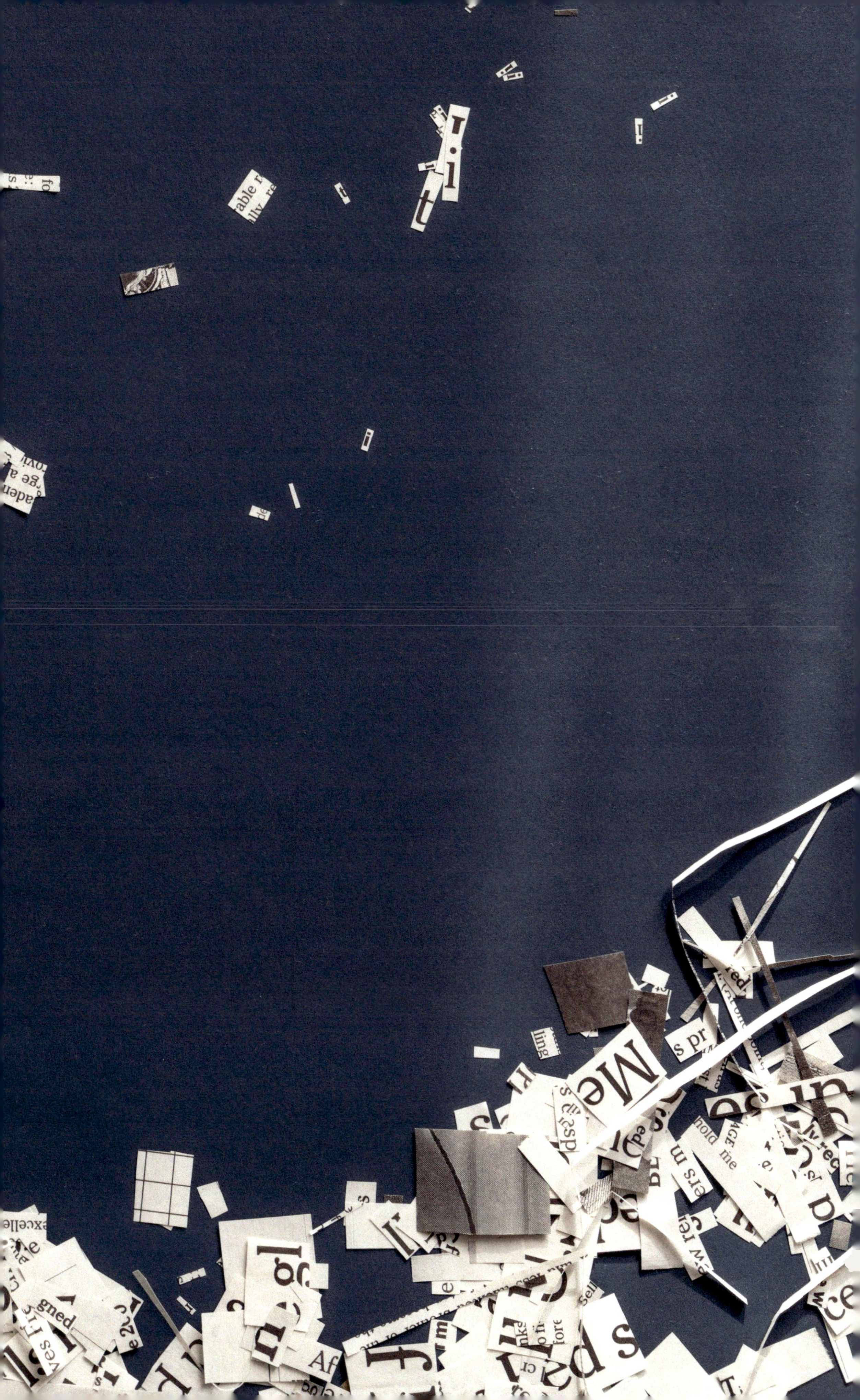

Saturday, July 2, 2016

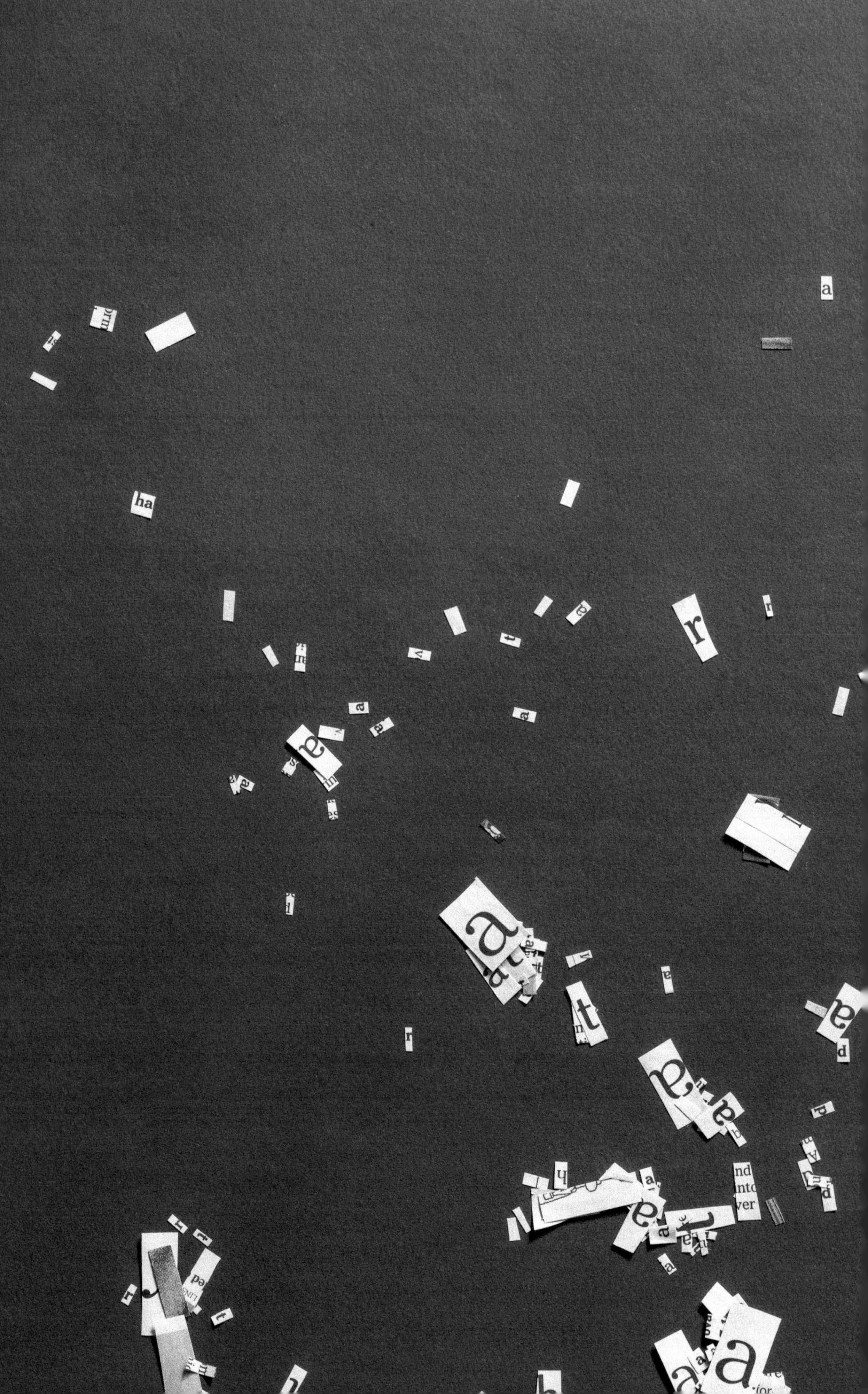

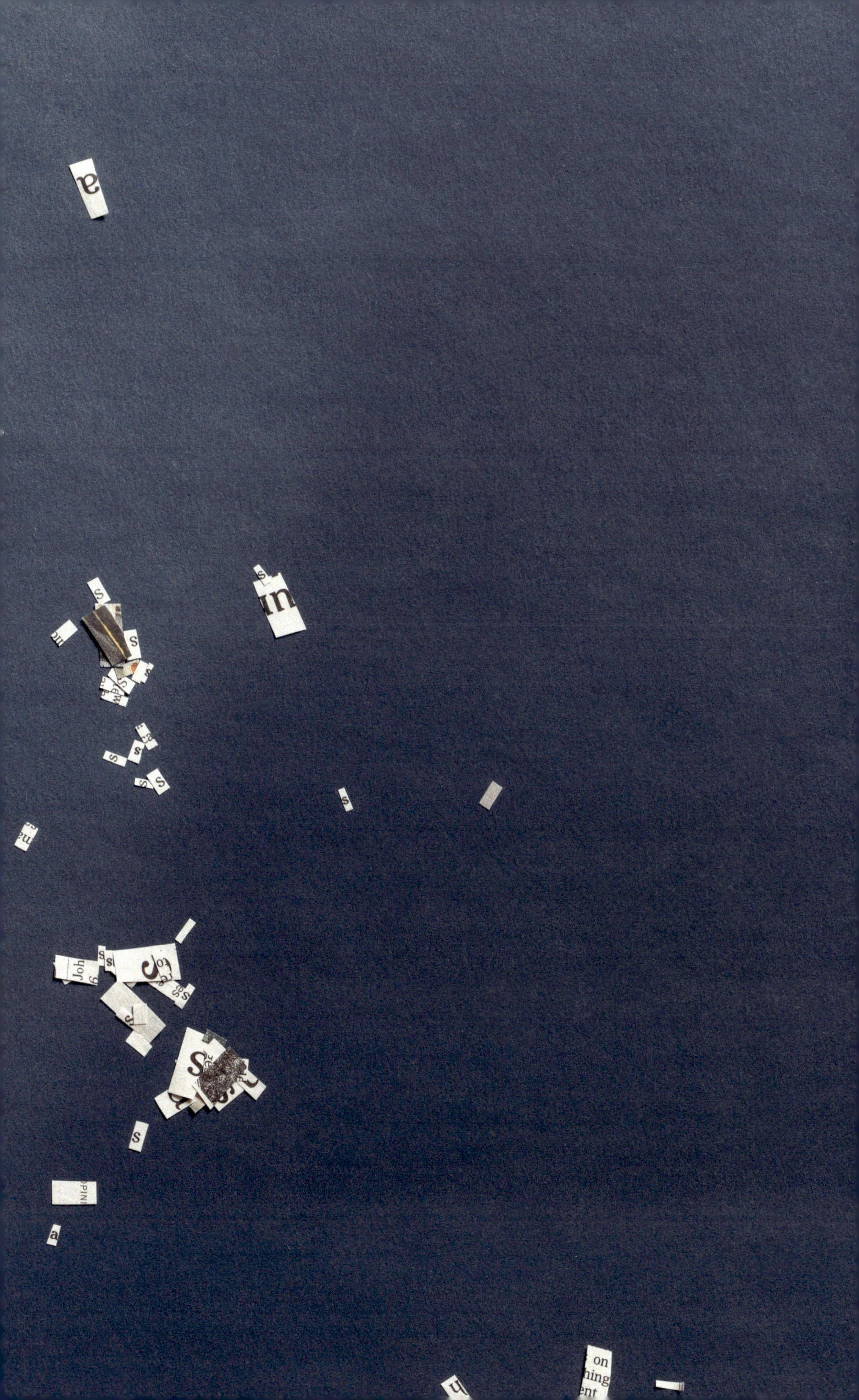

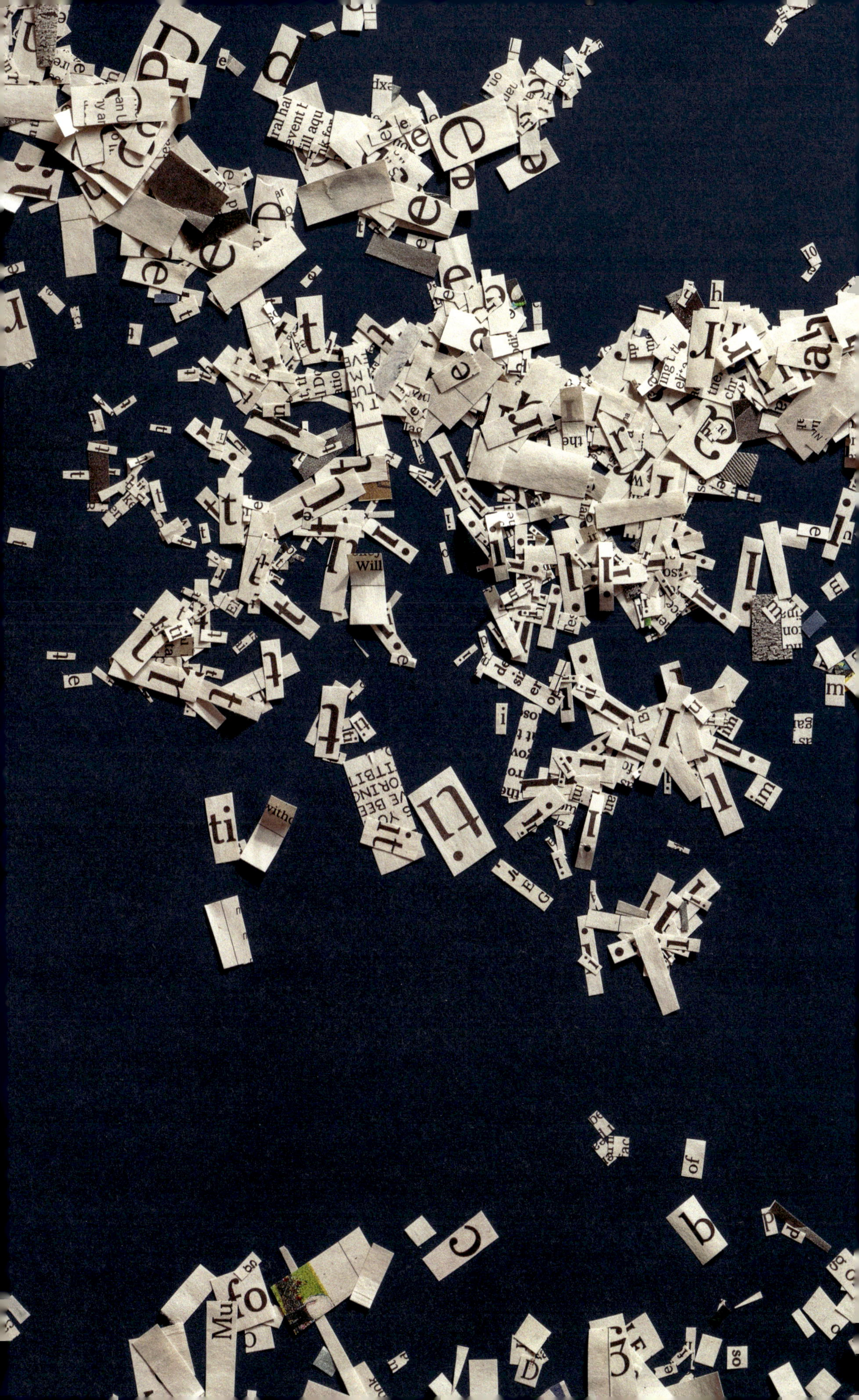

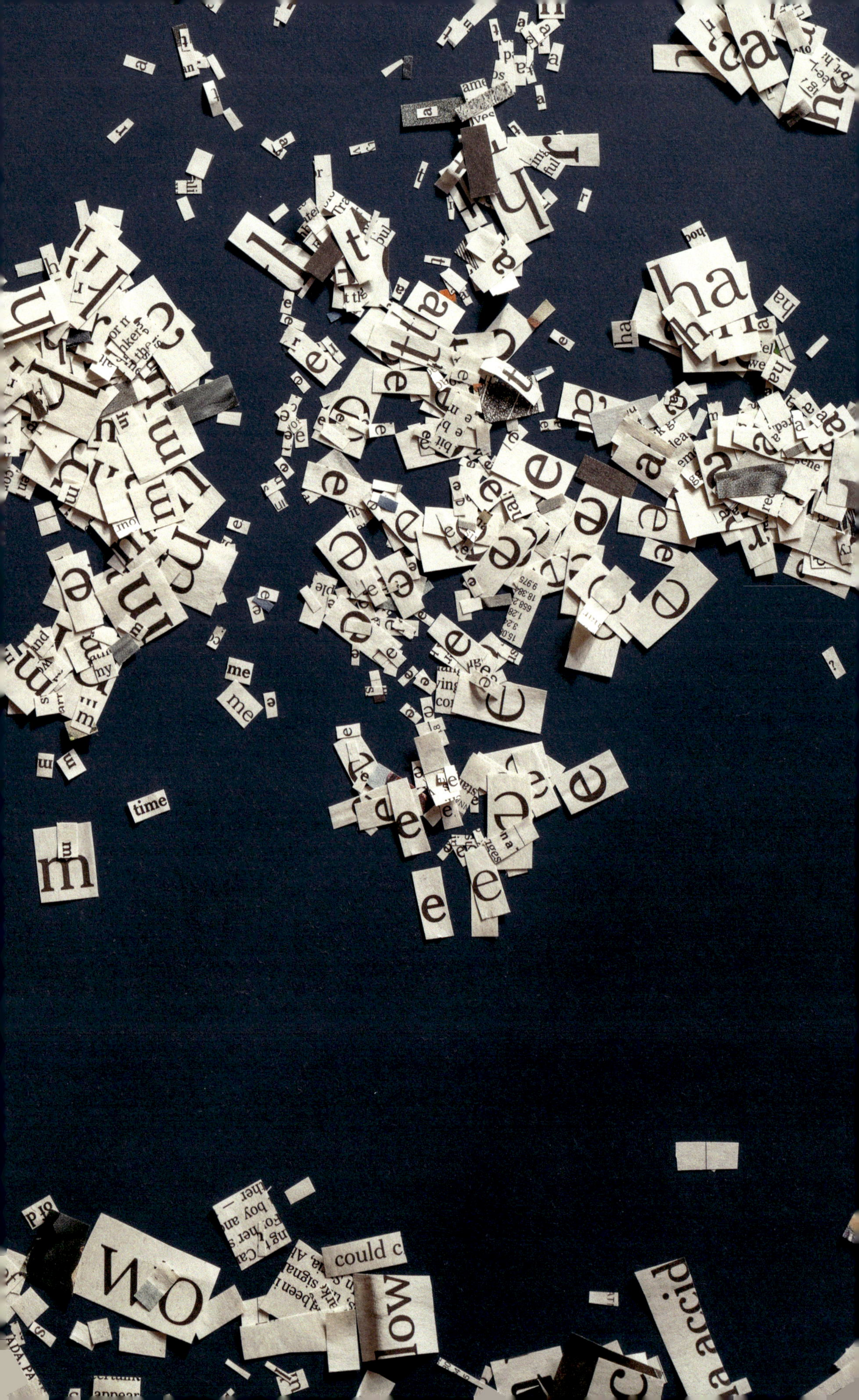

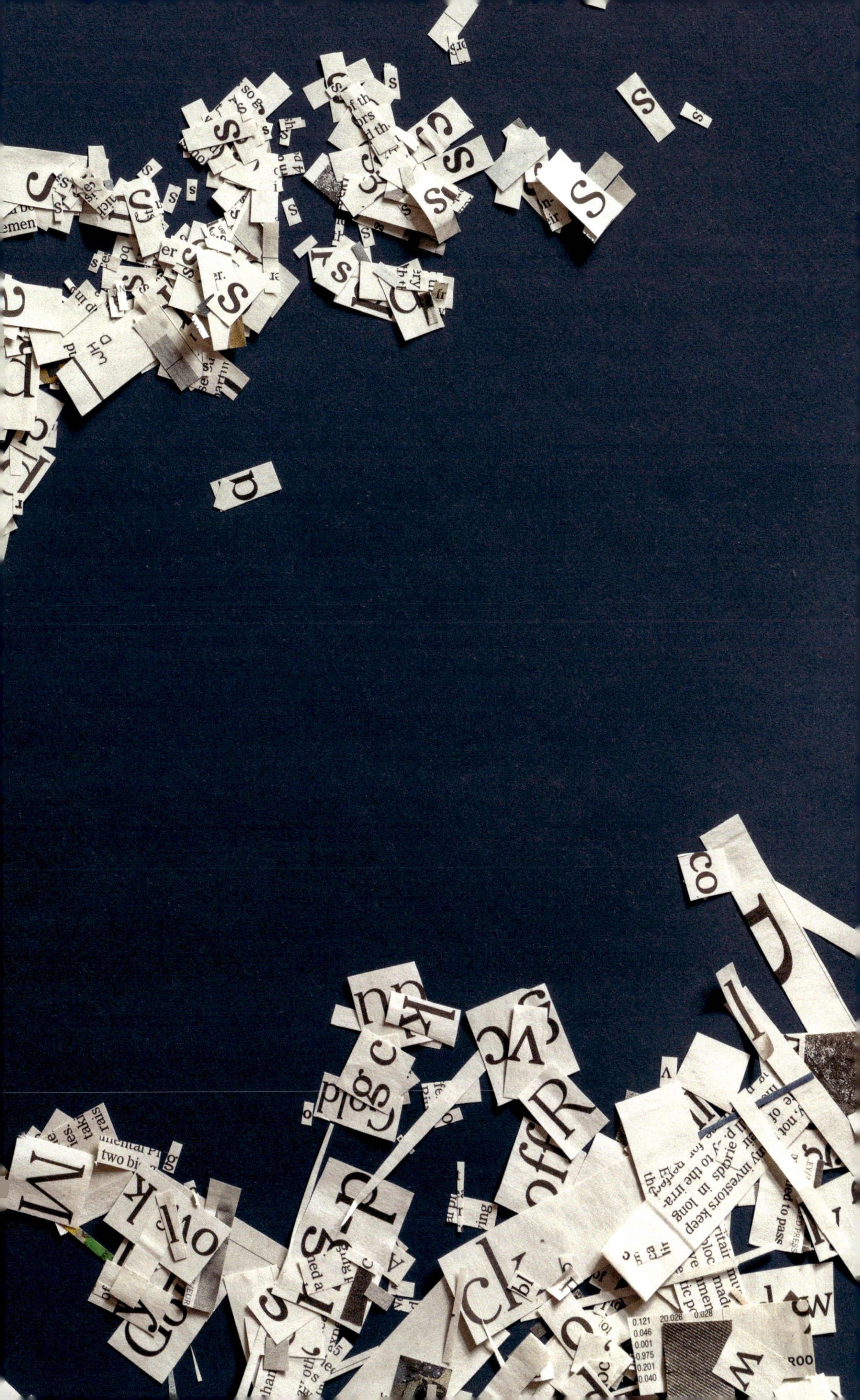

SADE

(...)
Du wolltest dich einmengen in die Wirklichkeit
und sie hat dich in die Enge gedrängt
Ich
habe es aufgegeben mich mit ihr zu befassen
mein Leben ist die Imagination
Die Revolution
interessiert mich nicht mehr

MARAT

Falsch Sade falsch
mit der Ruhlosigkeit der Gedanken
läßt sich keine Mauer durchbrechen
Mit der Schreibfeder kannst du keine Ordnungen
umwerfen

Aus dem Gespräch zwischen Marat und Sade in:
Peter Weiss, *Die Verfolgung und Ermordung Jean Paul Marats dargestellt durch die Schauspielgruppe des Hospizes zu Charenton unter Anleitung des Herrn de Sade*, Frankfurt/Main 1964, S. 48

~~A~~

und wie sind andere
Wahrheiten zu finden
als die veränderlichen Wahrheiten
der eigenen
Erfahrungen

(...) (S. 44/45)

(...)

[SADE]
(...)

Du wolltest dich einmengen in
die Wirklichkeit
und sie hat dich in die
Enge ~~schieben~~ gedrängt
Ich
habe es aufgegeben mich mit
ihr zu befassen
mein Leben ist die Imagination

Du wolltest dich einmengen in die Wirklichkeit
und sie hat dich in die Enge gedrängt
Ich
habe es aufgegeben mich mit ihr zu befassen
mein Leben ist die Imagination
Die Revolution
interessiert mich nicht mehr

MARAT
Falsch Sade falsch
mit der Ruhlosigkeit der Gedanken
läßt sich keine Mauer durchbrechen
Mit der Schreibfeder kannst du keine Ordnungen
umwerfen
Wie wir uns auch abmühen das Neue zu fassen
es entsteht doch erst
zwischen ungeschickten Handlungen
So verseucht sind wir von den Gedankengängen
die Generation von Generation übernahm
daß auch die besten von uns
sich immer noch nicht zu helfen wissen
Wir sind die Erfinder der Revolution
doch wir können noch nicht damit umgehn
Im Konvent sitzen immer noch Einzelne
jeder von seinem Ehrgeiz beseelt
und jeder will etwas von früher übernehmen
der eine ein schönes Bild
der andre seine Mätresse
der eine seine Mühlen
der andre seine Werften
der eine seine Armee

SADE

(...)
And why should you care about the world outside
For me the only reality is imagination
the world inside myself
The Revolution
no longer interests me

MARAT

Wrong Sade wrong
This imagination you talk of is
useless to me
Imagination can't break down
any real barriers

From the conversation between Marat and Sade in:
Peter Weiss, *The Persecution and Assassination of Marat as Performed by the Inmates of the Asylum of Charenton under the Direction of the Marquis de Sade*, London 1965, p. 42

Barbara J. Scheuermann
Geht es mich etwas an?

Wiebke Elzels aktuelle Arbeiten werfen grundlegende Fragen nach dem Verhältnis von Kunst und Weltgeschehen auf und reflektieren über das Potenzial künstlerischer und politischer Aussagekraft. Zum wiederholten Male arbeitet die Künstlerin mit Anordnungen von aus Zeitungsseiten ausgeschnittenen Buchstaben. In zeitraubender, kleinteiliger Arbeit zerlegt sie Schlagzeilen in Fragmente und einzelne Buchstaben, arrangiert und gruppiert sie schließlich neu zu einem scheinbar zufällig entstandenen Bild. Der Titel der neuen Reihe *Sunday, June 26 – Saturday, July 2* verweist auf sieben Ausgaben der *International New York Times*, die das Ausgangsmaterial für die mehrteilige fotografische Arbeit bilden.

Nicht nur bei der neu entstandenen Fotoserie, sondern auch schon in Elzels vorherigen Arbeiten mit Zeitungsausschnitten spielt der Einsatz von natürlichem Licht eine wichtige Rolle: Schräg einfallende Sonnenstrahlen teilen die Bildfläche in zum Teil scharf voneinander getrennte helle und dunkle Bereiche auf, sie strukturieren die Fotografie auf einer die Zeitungsschnipsel gleichsam durchdringenden Ebene. Licht und Schatten betonen das Flüchtige der fotografischen Aufnahme, organisieren den Bildraum und fügen den Bildern bisweilen weitere Informationen hinzu. So meint man in dem Licht-und-Schatten-Spiel in *Thursday, June 30* ein Fensterkreuz ausmachen zu können (ein Hinweis auf den realen Raum, in dem die Aufnahme entstanden ist). *Sunday, June 26* und *Wednesday, June 29* kommen ohne die kontrastreichen Lichtstreifen aus. Warum?

Womöglich, weil an den Tagen, als diese Bilder entstanden, der Himmel wolkenverhangen war. Auf diese Weise wird die Möglichkeit des Zufälligen, Nicht-Inszenierten ins Bewusstsein der Betrachterinnen gerückt. Dieser Aspekt des vermeintlich authentischen, schlichten Dokumentierens einer Situation wird zudem hervorgehoben durch die Darstellung der abgebildeten Zeitungsschnipsel in 1:1-Größe. Das Nebeneinander beziehungsweise Ineinander von Zufall und Komposition veranschaulichen die Zeitungsschnipsel besonders sinnfällig: Gelegt, gestreut, gruppiert, gehäuft ergeben sie Wörter, Satzfetzen, aber auch sinnlose Buchstabenkombinationen, Formationen, neue Muster.

Mit dem Zerschneiden und Neuordnen von aus Zeitungen ausgeschnittenen Sätzen und Buchstaben beschäftigt sich die Künstlerin seit 2013. Sie selbst beschreibt dieses Vorgehen als „eigentümliche, zunächst sinnlos erscheinende Tätigkeit, die einer eigenen Logik des Ordnens und Sammelns“ folgt. So „eigentümlich“ dieses Tun erscheinen mag, so wesentlich ist doch, dass diese auf den ersten Blick womöglich eher pedantisch als schöpferisch wirkende Arbeit dreierlei beinhaltet: Zerstörung, Akkumulation, Neuordnung – grundlegende Aspekte jedes künstlerischen Prozesses.

Was, wenn es mir egal wäre?

Bei dieser intensiven Beschäftigung mit Zeitungstext kam Wiebke Elzel nicht umhin, die darin enthaltenden Inhalte wahrzunehmen. Mit der Zeit wurden die sich daraus ergebenden Fragen, welche sie jenseits ihres künstlerischen Schaffens als mündiges Mitglied der Gesellschaft ohnehin beschäftigten, auch im Hinblick auf ihre Kunst zunehmend bedeutsam: Wie soll, wie muss, wie kann man auf die Katastrophen und Bedrohungen unserer Zeit reagieren? Ist es richtig, sie so lange zu ignorieren, bis sie einen selbst betreffen? Ist es für eine Künstlerin angemessen mit Zeitungsmaterial zu arbeiten, ohne seine Inhalte, seine Meldungen, zu reflektieren? Muss Kunst politisch sein beziehungsweise kann Kunst überhaupt politisch sein im Sinne von gesellschaftlicher Wirksamkeit?

Diese Fragen hat Wiebke Elzel zum Gegenstand ihrer Arbeit gemacht. In der Woche nach dem Brexit-Votum 2016 in Großbritannien, dessen Ergebnis Europa zunächst in seinen Grundfesten zu erschüttern schien, schnitt sie die Schlagzeilen aus den sieben in dieser Woche erscheinenden Ausgaben der *International New York Times* aus, löste sie auf, mischte sie neu, fotografierte diese Anhäufungen. Die darin formulierten persönlichen Fragen sind nur schwer bis gar nicht zu entziffern, obwohl es sich gezeigt hat, dass es für die geduldige Betrachterin teilweise möglich ist. Die Künstlerin macht auch kein Geheimnis daraus, den titelgebenden Datumsangaben hat sie die immanenten Fragen beigefügt:

Sunday: What if I didn't care?
Monday: Does it affect me?
Tuesday: Really?
Wednesday: What do I know?
Thursday: Now?
Friday: Do I think about it?
Saturday: Perhaps next time?

Es handelt sich also um eine Art Selbstbefragung (inklusive der unausgesprochenen Antworten). Zu einer abschließenden Antwort, einer eindeutigen Positionsbestimmung kommt es allerdings nicht.

Denke ich darüber nach?

Letztlich bleiben die Fotografien die Antworten auf all diese Fragen schuldig beziehungsweise die Fragen beinhalten bereits die Antworten. Hundertfach zersplittert, aufgelöst und wieder zusammengesetzt, wiederholt und variiert identifizieren diese an ein Selbst gerichteten Fragen die künstlerische Position als sich ihrer selbst bewussten Ratlosigkeit angesichts eines weitgehend unverständlichen Weltgeschehens. Dieses Eingeständnis, das Aushalten und Produktivmachen des Nichtwissens, ist womöglich das Politische an dieser Kunst und auf diese Weise auch nur in der Kunst möglich. Dass der hier formulierte tiefsitzende Zweifel als künstlerische Geste verstanden sein will, wird von der Präsentationsweise unterstrichen: Sorgfältig gerahmt hinter Museumsglas und auf hochwertigem Papier gedruckt, mit einer von der inhaltlichen Ebene unabhängigen visuellen Kraft, genügen die Fotografien den höchsten Ansprüchen an das Ausstellen von Kunst.

Wiebke Elzel führt Notizbücher, schreibt ihre Gedanken auf, sammelt Zitate und verfasst Texte, die halb fiktiv, halb dokumentarisch sind. Diese selbstverfassten Texte bilden einen den Fotografien ebenbürtigen Teil ihres Werkes. Dieses Mal finden sie auf unterschiedliche Arten Eingang in die Ausstellung: als Fotografien von aufgeschlagenen Notizbüchern und – als Membran zwischen Außen und Innen – auf der Fensterfront des Ausstellungsraumes. In dunkler Schrift auf das Glas montiert ist dort ein kurzer Prosa-Text zu lesen. In diesem Text erzählt die Künstlerin, beziehungsweise das lyrische Ich der Künstlerin, von der Schließung eines Hotels und wie sie beim letzten Ausverkauf der Möbel in dem schon fast leergeräumten Gebäude einen Spiegel mitnahm. Der Spiegel hängt nun in ihrer Wohnung, darauf steht eine Postkarte von William Turners Gemälde von Hannibals Alpenüberquerung (1812, Sammlung der Tate Britain, London), auf dem der Kriegsherr selbst nicht zu sehen ist, sondern seine dem Schneesturm ausgelieferten Gefolgsleute. In dem kurzen Text bringt Wiebke Elzel dies alles – ein Hotel, einen Spiegel, William Turners Gemälde, eine Armee – miteinander in Verbindung und berührt damit, vermeintlich ganz nebenbei, zentrale Themen ihres künstlerischen Denkens: Kulturgeschichte und ihre Artefakte als bis in unsere Gegenwart wirkende Spuren, Reflexion (in mehrfachem Sinne) und die Auswirkungen weltpolitischer Ereignisse auf das Individuum.

Beim Lesen ist, sozusagen durch den Text hindurch, die hinter dem Fenster liegende Ausstellung gut sichtbar. Vielleicht fällt somit schon bei der Lektüre der Blick auf die Fotografie *Postkarte und Spiegel*, die gleich neben dem Eingang dicht am Fenster hängt, darauf zu sehen: der obere Teil eines Spiegels, darin die angedeutete Reflexion eines sonnendurchschienenen Fensters, auf dem hölzernen Rahmen des Spiegels steht die im Text beschriebene Postkarte mit der Abbildung von Turners Hannibal-Gemälde. Sogar in der fotografischen Reproduktion der Reproduktion (die Postkarte ist – wie die Zeitungsschnipsel – im Originalformat wiedergegeben) entfaltet das Gemälde mit seiner raumgreifenden Darstellung eines tobenden Schneesturms eine erstaunliche Kraft. Seine Dramatik steht im Gegensatz zu der ansonsten kühlen Komposition und Farbigkeit der Fotografie. Zudem sind hier die Verhältnisse von Innen und Außen umgekehrt: Der Innenraum wird zwar ausschnitthaft, jedoch groß, als Bildraum, gezeigt, der in Turners Gemälde dargestellte Außenraum hingegen ganz klein. Durch die Postkarte eines Bildes aus dem 19. Jahrhundert wird ein Jahrtausende zurückliegendes überliefertes Ereignis in einen Privatraum des 21. Jahrhunderts geholt. Der Spiegel (aus dem frühen 20. Jahrhundert) und die darin enthaltene Fensterreflexion machen die gesamte Komposition und das Spiel von Innen und Außen, Licht und Schatten, Vergangenheit und Gegenwart, Individuum und Öffentlichkeit umso komplexer.

Was weiß ich?

Was hat William Turner, was das Hotel nun mit der *International New York Times*, dem Brexit und den in lichtdurchströmten Schnipselanhäufungen verborgenen Fragen zu tun? Aufschluss darüber können zum Teil die zwei im Ausstellungsraum verbleibenden Bilder geben: *Blaues Notizbuch [Marat/Sade I]* und *Bordeauxrotes Notizbuch und Taschenbuch [Marat/Sade II]*. Die Künstlerin zitiert hier aus Peter Weiss' Theaterstück *Die Verfolgung und Ermordung Jean Paul Marats, dargestellt durch die Schauspielgruppe des Hospizes zu Charenton unter Anleitung des Herrn de Sade* (1964), in dem de Sade und Marat zwei für Elzels Überlegungen relevante Gegenpositionen verkörpern: die des desillusionierten Skeptikers und die des politischen Kämpfers.

Der Anmerkungs- und Fußnotencharakter dieser Fotografien wird unterstrichen durch die Präsentationsweise, die im Gegensatz zu *Sunday, June 26 – Saturday, July* 2 sehr viel schlichter ausfällt. In dem hier vorliegenden, auf die Ausstellung folgenden Künstlerbuch fügt Elzel noch eine weitere Fotografie eines Notizbuches hinzu: *Bordeauxrotes Notizbuch [History]*. Hier notiert die Künstlerin zum einen Gedanken und Daten zur Geschichte der *International New York Times* und liefert zum anderen damit für die aufmerksame Leserin sozusagen den „Background" zu den Zeitungsbildern.

Marat wurde ermordet, die Französische Revolution hat die Gesellschaft nachhaltig verändert, mit Hannibals Alpenüberquerung begann ein Krieg, ein Hotel wurde geschlossen, die *International New York Times* hat ein weiteres Mal ihren Namen geändert und ihre 1887 in Paris auf dem europäischen Festland gegründete Dependance aufgegeben, Großbritannien bereitet den Ausstieg aus der EU vor – so unterschiedlich all diese Ereignisse sind, so ist ihnen doch gemein, dass sie Zäsuren bedeuten. Etwas geht zu Ende, etwas Neues beginnt, oft, ohne dass dies gleich zu erkennen oder zu spüren wäre. Wer „macht" Geschichte? Wen betrifft sie? Wie sollen diejenigen, die die Geschichte nicht „machen", damit umgehen? Gibt es eine Haltung, die dazu eingenommen werden kann, oder geht es nicht vielmehr darum anzuerkennen, dass es für die Einzelne in der Welt zwar einen durch ein vorgegebenes oder ausgesuchtes Lebensumfeld markierten Platz geben mag, jedoch keine finale Position im Verhältnis zur Welt?

Es gilt alert zu bleiben, können wir als Appell in Wiebke Elzels Arbeiten lesen, wach und aufmerksam, und sich aus dem Übermaß an Informationen, die auf uns einströmen – mal schubweise, mal vereinzelt, fragmentiert, zersplittert, in unendlichen Versionen –, ein Bild der Realität zu schaffen, das für eine Weile richtig oder zumindest funktional erscheint. Dann löst es sich in unzählige Schnipsel auf, setzt sich neu zusammen, löst sich wieder auf, wird ein neues Bild und so weiter und so fort. Beleuchtet wird es von der Sonne.

Barbara J. Scheuermann
ist Kuratorin für Gegenwartskunst und Leiterin der Grafischen Sammlung am Kunstmuseum Bonn. Zu ihren thematischen Schwerpunkten gehören Narrativität sowie identitätspolitische und postkoloniale Fragestellungen im Kontext der Gegenwartskunst.

Barbara J. Scheuermann
Does it affect me?

Wiebke Elzel's current works raise fundamental questions about the relationship of art to world events, and reflect on the potential power of artistic and political expression. Once again, the artist is working with arrangements of letters cut from newspaper pages. With time-consuming, detailed labor she cuts headlines into fragments and single letters, then arranges and groups them into a new, seemingly randomly produced image. The title of the new series, *Sunday, June 26 – Saturday, July 2*, refers to seven editions of the *International New York Times*, which constitute the source material for this photographic work.

Not only in the newly created photo series, but also in Elzel's previous works, does the use of natural light play an important role. Diagonal beams of sunlight separate parts of the image into sharply contrasted areas of light and dark. They structure the photography on a newspaper-penetrating level, so to speak. Light and shadow emphasize the fleetingness of the photographic exposure, organize the image space, and occasionally contribute new information. One imagines that one can make out, in the light and shadow play of *Thursday, June 30*, a window frame (a reference to the room in which the picture was taken). *Sunday, June 26*, and *Wednesday, June 29* get by without the contrasting light stripes. Why? It could be that on the days on which those images were produced, the sky was overcast. In this way, the possibilities of chance, of the unplanned, make their way into the consciousness of the viewer. This aspect—the supposedly authentic, simple documentation of a situation—gets additional emphasis, in that the newspaper pieces are presented at actual size. The roles of chance and composition, in parallel or rather interwoven, are particularly well illustrated by the newspaper cuttings. Placed, scattered, grouped, and piled up they form words, sentence fragments, and also meaningless letter combinations and formations, new patterns.

The artist has been occupied with the cutting and reorganizing of letters clipped from newspapers since 2013. She herself describes this process as a "peculiar, initially senseless-seeming activity, that follows a certain logic of arranging and collecting." As 'peculiar' as this action may seem, it is still significant that this at first sight seemingly pedantic rather than creative work contains three elements—destruction, accumulation, restructuring—that are fundamental principles of every artistic process.

What if I didn't care?

During this concentrated occupation with newspaper text, Wiebke Elzel could not avoid taking note of the contents. Over time, the questions that had arisen with which she—apart from her artistic work, as an engaged member of society—occupied herself anyway, also became more and more important with respect to her art. How should one, how must one, how can one react to the catastrophes and threats of our time? Is it right to ignore them until they affect one personally? Is it appropriate for an artist to work with newspapers without reflecting on the contents—on the news? Does art have to be political, or rather can art even be political in any sense of social effectiveness?

Wiebke Elzel has made these questions an object of her work. In the week after the Brexit vote in Great Britain in 2016, the result of which initially seemed to shake the foundations of Europe, she cut headlines out of seven editions of the *International New York Times* from that week, then dismantled them, mixed them anew, and photographed these accumulations. The personal questions articulated therein are hard, if not impossible, to decode, although for the patient viewer it is to a certain extent possible. The artist also doesn't really keep them secret: she has added the inherent questions to the dates that serve as titles.

Sunday: What if I didn't care?
Monday: Does it affect me?
Tuesday: Really?
Wednesday: What do I know?
Thursday: Now?
Friday: Do I think about it?
Saturday: Perhaps next time?

So this is about a certain self-questioning (along with the unstated answers). We don't, however, arrive at a conclusive answer or explicit position.

Do I think about it?

Ultimately, the photographs leave us without the answers to these questions. Or rather, the answers are already contained in the questions. Fragmented, dissolved, and reconstituted, repeated and varied a hundred times, these self-directed questions identify the artistic position as knowingly helpless in the face of a largely incomprehensible world event. This admission—to tolerate and even use ignorance—is very likely the political in this art, and in this way too, is only possible through art. That this deep-seated doubt should be taken to be an artistic gesture is emphasized by the presentation. Meticulously framed behind museum glass and printed on high-quality paper, with a visual power independent of the subtext, these photographs meet the highest standards of the exhibition of art.

Wiebke Elzel fills notebooks, writes her thoughts down, collects quotations, and composes texts that are half fiction, half documentary. Her writings are equal partners with the photographs in her works. This time, they are incorporated in the installation in differing ways: as photographs of opened notebooks and, as membrane between outside and inside, on the front window of the exhibition space. One can read a short piece of prose mounted in dark print on the glass. In this text, the artist, or rather the lyric "I" of the artist, writes about the closing of a hotel and how, at the final sale of its furniture, she acquired, in the now nearly empty building, a mirror. The mirror now hangs in her apartment. Placed on top is a postcard of William Turner's painting of Hannibal crossing the Alps (1812, collection of the Tate Britain, London), on which not the war hero himself but only his men can be seen, overcome by a snow storm. In this short text, Wiebke Elzel connects all of these—a hotel, a mirror, William Turner's painting, an army—together, and thereby touches on, supposedly just coincidentally, major themes of her artistic thinking: cultural history and its artifacts as tracks leading up to and affecting our present, reflection (in multiple senses), and the effects of world political events on the individual.

While one is reading, the exhibit is visible through the writing, so to speak, and through the glass. So, upon perusal of the text, maybe one's gaze falls on the photograph *Postcard and Mirror* that hangs directly next to the entrance near the window. On it, one sees the upper part of a mirror, with a hint of a reflection of sunlight through a window. On the wooden frame of the mirror sits the postcard with the image of Turner's Hannibal painting that is described in the text. Even in the photographic reproduction of the reproduction (the postcard, like the newspaper clippings, is presented at original size) the painting, with its expansive portrayal of a raging snowstorm, unleashes surprising power. It's drama stands in contrast to the otherwise cool compositions and colorations of the photography. Moreover, the relative conditions of inside and outside are reversed: the 'inside' is shown, albeit in sections, as large image areas. The 'outside' area depicted in Turner's painting is very small. Through a postcard of a painting from the 18th century, an event handed down from several thousand years in the past is brought into a private room in the 21st century. The mirror (from the early 20th century) and the reflection of the window in it make the whole composition and the interplay of inside and outside, light and shadow, past and present, individual and public that much more complex.

What do I know?

What do William Turner, what do the hotel and the *International New York Times*, Brexit, and the questions hidden in the sun-drenched newspaper clipping piles have to do with one another? We glean a little more information from the two pictures remaining in the exhibit space: *Blue Notebook [Marat/Sade I]* and *Bordeaux red Notebook and Paperback [Marat/Sade II]*. The artist quotes Peter Weiss's play *The Persecution and Assassination of Jean-Paul Marat as Performed by the Inmates of the Asylum of Charenton Under the Direction of the Marquis de Sade* here, in which de Sade and Marat represent, for Elzel's consideration, two relevant opposing principles: the disillusioned skeptic and the political fighter.

The annotation-and-footnote style of these photographs is underscored by the presentation which, in contrast to *Sunday, June 26 – Saturday, July 2*, is much simpler. In the artist book presented here, which accompanies the exhibition, Elzel adds another photograph of a notebook: *Bordeaux red Notebook [History]*. Here, on the one hand, the artist writes down thoughts and facts about the history of the *International New York Times* which, on the other hand, deliver the so-called 'background' of the newspaper pictures for the attentive reader.

Marat was murdered. The French Revolution lastingly changed society. A war started with Hannibal's crossing. A hotel was closed. The *International New York Times* changed its name again and closed the Paris bureau where it had established its European presence in 1887. Great Britain is preparing its exit from the European Union. As different as all these events are, what they have in common is they all represent turning points. Something ends, another thing begins—often without being immediately recognizable or palpable. Who 'makes' history? Whom does it affect? How should those who don't 'make' history deal with it? Is there a stance one can take on this, or isn't it much more about realizing that individuals in the world might find their place in either predetermined or selected environments, but that there is no final position possible in relation to the world.

Staying alert matters. We could interpret this as the message of Elzel's works. Be awake and attentive, and manage to make, out of the excess of onrushing information—sometimes in batches, sometimes isolated, fragmented, splintered, in infinite versions—a picture of reality that seems right, or at least functional for a while. It will, in time, dissolve into countless snippets, arrange itself anew, dissolve again, become a new image, and so on and so forth. It is lit by the sun.

Barbara J. Scheuermann
is curator for contemporary art and head of the graphics collection of the Kunstmuseum Bonn. Her focal points include narrative, as well as questions of identity politics and post colonialism in the context of contemporary art.

Bildindex / Picture Index

U4 | U5

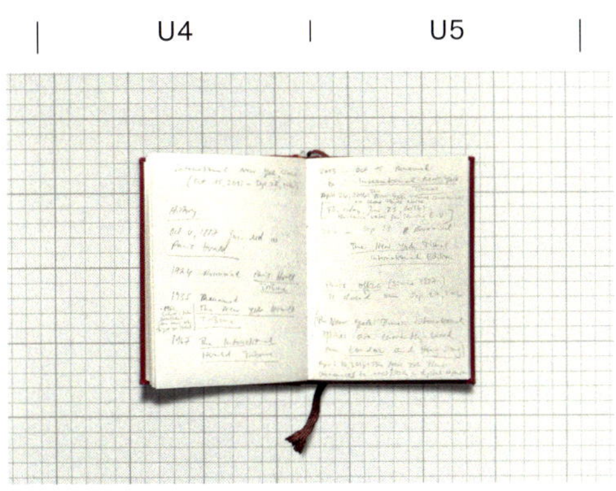

Bordeauxrotes Notizbuch [History]
Bordeaux red Notebook [History]
(Schutzumschlag, innen /
dust jacket, inside)

Archival pigment print
28 × 42 cm, gerahmt, 2017
einfarbig abgebildet
im Maßstab 1:1

Archival pigment print
28 × 42 cm, framed, 2017
reproduced monotone
at a scale of 1:1

5

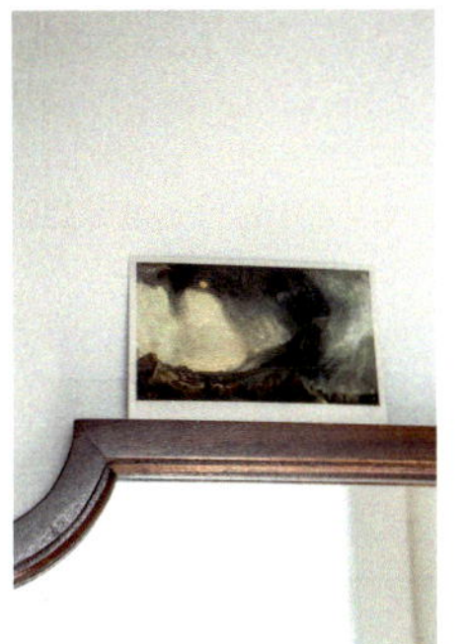

Postkarte und Spiegel
Postcard and Mirror

Archival pigment print
41,25 × 27,5 cm, gerahmt, 2017
abgebildet im Maßstab 1:1,53

Archival pigment print
41.25 × 27.5 cm, framed, 2017
reproduced at a scale of 1:1.53

6 | 7

Mein Blick fiel auf die Postkarte mit William Turners Gemälde *Snow Storm: Hannibal and his Army Crossing the Alps*. Dieses Gemälde hatte mich, als ich es das erste Mal sah, wie alles von Turner, aber doch irgendwie ganz besonders, beeindruckt. Für die Darstellung der am Boden kauernden, dem Sturm schutzlos ausgelieferten Soldaten interessierte ich mich kaum. Die Gewalt, die Dramatik, die Schönheit und der Schrecken des Bildes wurden nicht hervorgerufen durch sie, sondern durch das den größten Teil der Leinwand einnehmende Spiel von Licht und Schatten, von Hell und Dunkel. Die Postkarte, die ich zur Erinnerung an das Gemälde mitgenommen hatte aus dem Museum, steht auf der oberen Kante eines Spiegels im Flur meiner Wohnung. Ich sehe sie fast täglich. Doch wie so oft bei Bildern und anderen Dingen, die mich im Alltag umgeben, denke ich nur selten über sie nach. Auch den Spiegel, auf dem die Postkarte steht, beachte ich kaum, und noch seltener denke ich an seine Herkunft, obwohl nur diese der Grund gewesen ist, ihn zu erwerben.

Durch Zufall hatte ich von der Schließung jenes für die Stadt, für den alten Westen so wichtigen Hotels erfahren und war mitgegangen an dem Tag, an dem der Verkauf des Inventars stattfand. Es war schon Abend, als wir dort ankamen, doch das Haus war noch immer geöffnet für jeden, der sich für das Hotel und sein Innenleben interessierte. Ich war nicht vorbereitet auf den Anblick des mit Bettgestellen, Stühlen, Lampen, Bildern, Teppichen und anderen Einrichtungsgegenständen vollgestellten Foyers. Besonders berührte mich, so fällt mir jetzt wieder ein, ein am Eingang aufgestelltes Tischlein, auf dem in hohen Stapeln unzählige Ausgaben des Neuen Testaments lagen, jeweils dreisprachig, wahlweise mit dunkelblauem oder bordeauxrotem Einband, auf den in goldenen Lettern das Wort Hotel geprägt war. Kostenlos konnte man sie von dort mitnehmen, diese *heiligen Schriften*, die wenige Tage zuvor noch in den Nachttischen jedes einzelnen Zimmers gelegen hatten. Auch die Nachttische standen zum Verkauf, natürlich. Nur dunkel erinnere ich mich, wie ich durch das holzvertäfelte Foyer ging, vorbei an den dichtgedrängt stehenden Möbeln, die Treppe hinauf und erneut, diesmal auf umgekehrte Weise, unvorbereitet getroffen wurde von den vollständig leergeräumten Zimmern, den kahlen Wänden. Es war ein schönes Hotel gewesen, voller Würde und Geschichten, ein warmes, schützendes Haus, mehr als ein Hotel für viele Gäste, die es oft über Jahrzehnte besucht hatten. Hier geht etwas Besonderes zu Ende, ich erinnere mich, dass ich dies dachte, damals, auf der Treppe des Hotels stehend, es ist das Ende einer Ära, dachte ich weiter und mit einigem Pathos, wie mir heute scheint. Ich ging hinunter, blickte mich um und wählte schließlich einen der großen Spiegel mit dunklem, schwerem Holzrahmen. Es standen so viele davon im Foyer, dass ich annahm, in jedem der Zimmer müsste bis zum Vortag einer gehangen haben.

Ich kaufte den Spiegel, nahm ihn mit und hängte ihn in den Flur meiner Wohnung, wo er bereits nach kurzer Zeit aufhörte, mich an das Hotel zu erinnern, mein alltägliches Leben schien nicht davon berührt. Doch heute, als mein Blick zufällig auf die Postkarte mit dem Gemälde Turners fiel, dachte ich auch wieder an die Geschichte des Spiegels. Es sind einige Jahre vergangen seitdem, und jetzt, in diesem Moment, habe ich auf einmal das beunruhigende Gefühl, dass das Ende des Hotels mein Leben doch betroffen und verändert haben könnte, ohne dass ich, zunächst, etwas davon gemerkt hätte.

William Turner und Hotel
William Turner and Hotel

Text
Größe und Abbildungstechnik
variabel, 2017

Text
variable size and display technique,
2017

13

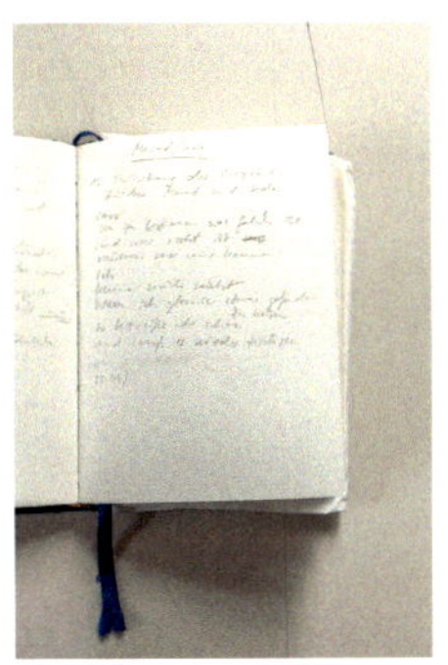

Blaues Notizbuch [Marat / Sade I]
Blue Notebook [Marat / Sade I]

Archival pigment print
26,25 × 17,5 cm, gerahmt, 2017
abgebildet im Maßstab 1:0,97

Archival pigment print
26.25 × 17.5 cm, framed, 2017
reproduced at a scale of 1:0.97

16 | 17 | 18 | 19

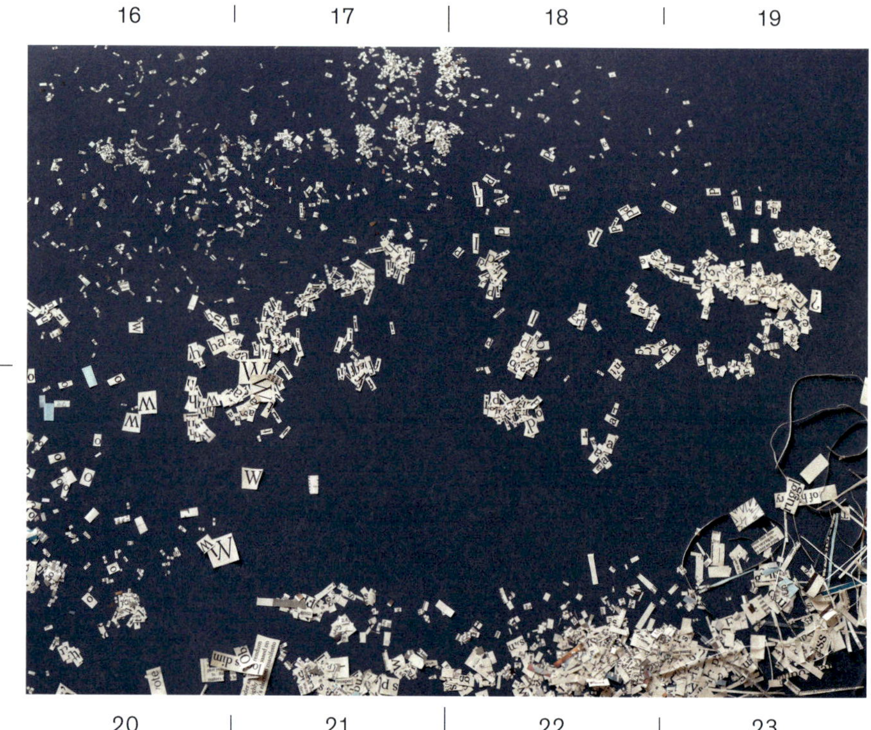

20 | 21 | 22 | 23

Sunday, June 26, 2016
International New York Times
[What if I didn't care?]

Archival pigment print
54 × 71,8 cm, gerahmt, 2017
abgebildet im Maßstab 1:1

Archival pigment print
54 × 71.8 cm, framed, 2017
reproduced at a scale of 1:1

26 | 27 | 28 | 29

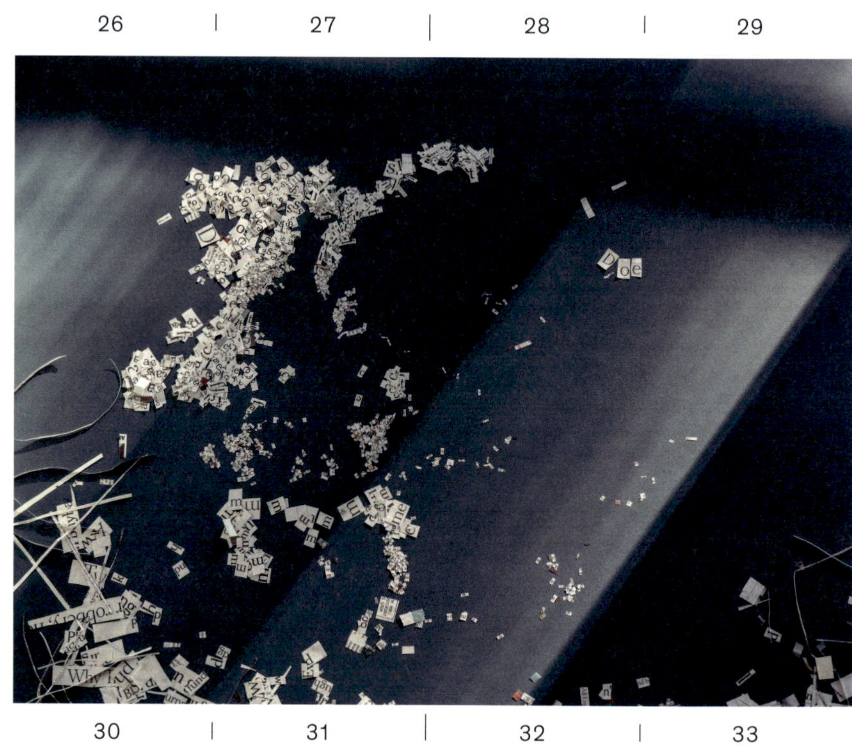

30 | 31 | 32 | 33

Monday, June 27, 2016
International New York Times
[Does it affect me?]

Archival pigment print
54 × 71,8 cm, gerahmt, 2017
abgebildet im Maßstab 1:1

Archival pigment print
54 × 71.8 cm, framed, 2017
reproduced at a scale of 1:1

36 | 37 | 38 | 39

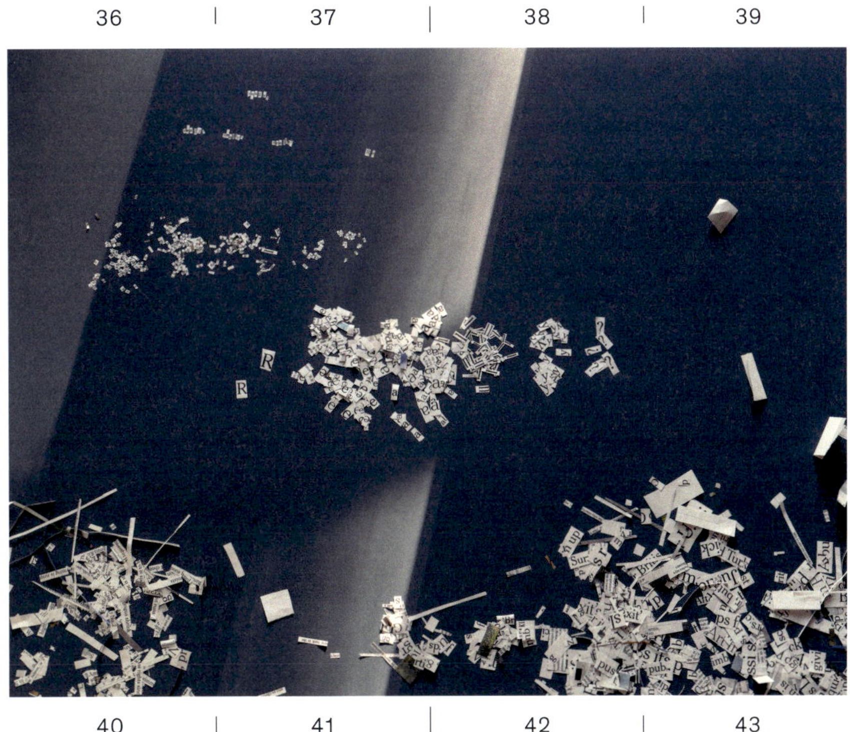

40 | 41 | 42 | 43

Tuesday, June 28, 2016
International New York Times
[Really?]

Archival pigment print
54 × 71,8 cm, gerahmt, 2017
abgebildet im Maßstab 1:1

Archival pigment print
54 × 71.8 cm, framed, 2017
reproduced at a scale of 1:1

46 | 47 | 48 | 49

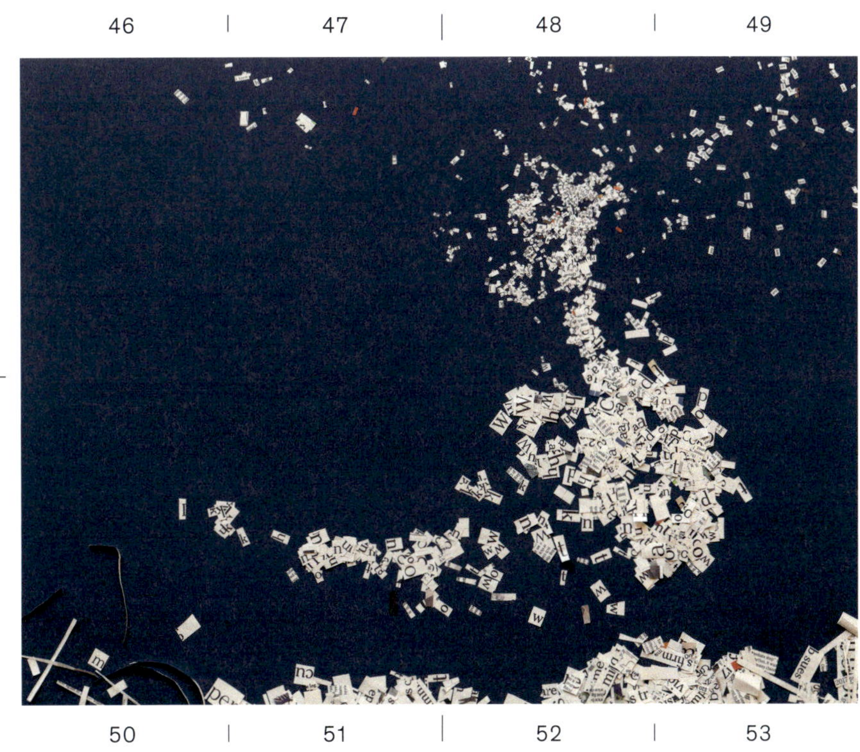

50 | 51 | 52 | 53

Wednesday, June 29, 2016
International New York Times
[What do I know?]

Archival pigment print
54 × 71,8 cm, gerahmt, 2017
abgebildet im Maßstab 1:1

Archival pigment print
54 × 71.8 cm, framed, 2017
reproduced at a scale of 1:1

56 | 57 | 58 | 59

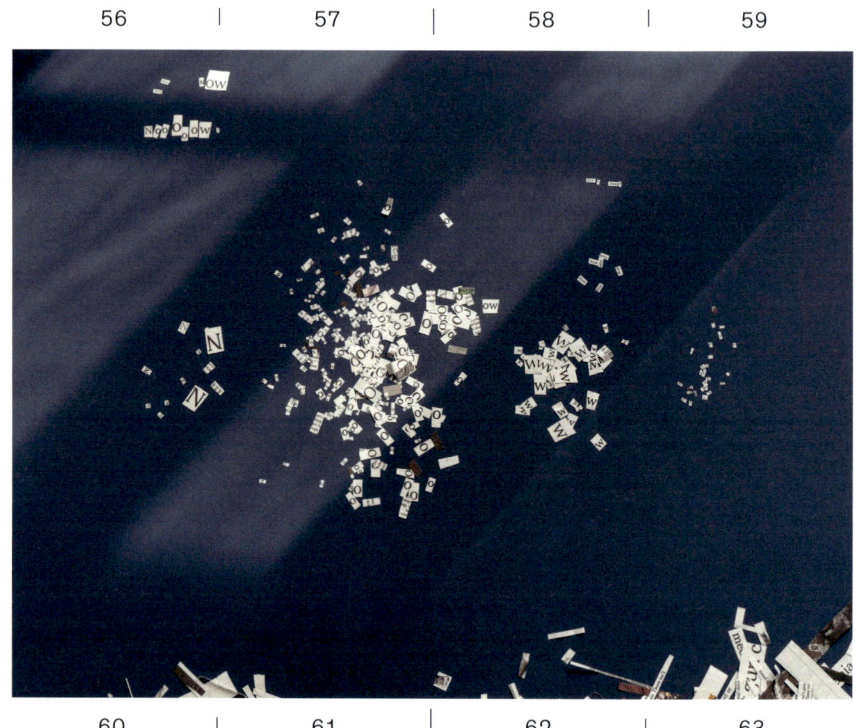

60 | 61 | 62 | 63

Thursday, June 30, 2016
International New York Times
[Now?]

Archival pigment print
54 × 71,8 cm, gerahmt, 2017
abgebildet im Maßstab 1:1

Archival pigment print
54 × 71.8 cm, framed, 2017
reproduced at a scale of 1:1

66 | 67 | 68 | 69

70 | 71 | 72 | 73

Friday, July 1, 2016
International New York Times
[Do I think about it?]

Archival pigment print
54 × 71,8 cm, gerahmt, 2017
abgebildet im Maßstab 1:1

Archival pigment print
54 × 71.8 cm, framed, 2017
reproduced at a scale of 1:1

76 | 77 | 78 | 79

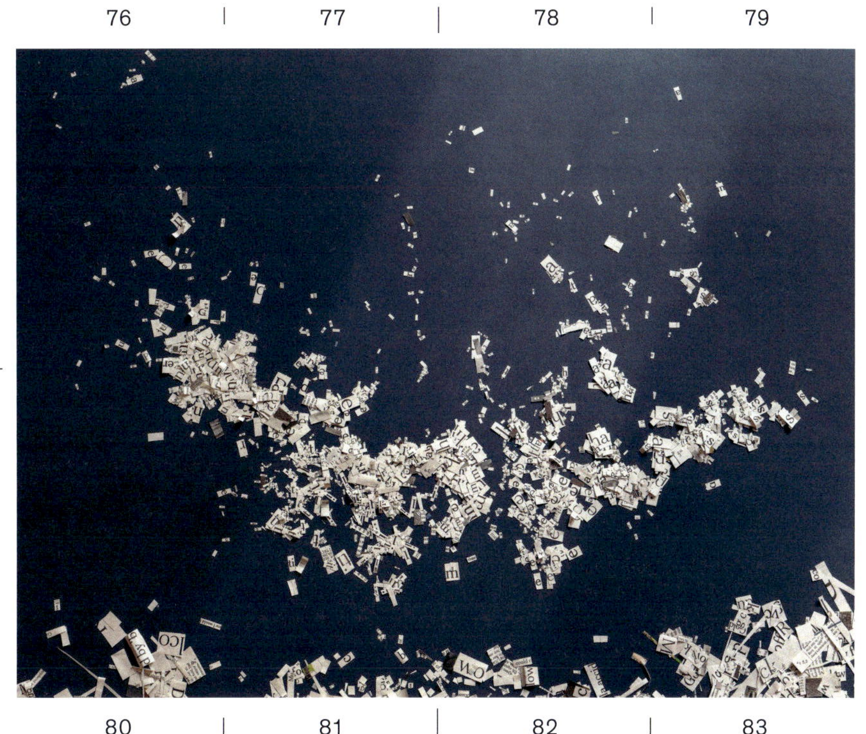

80 | 81 | 82 | 83

Saturday, July 2, 2016
International New York Times
[Perhaps next time?]

Archival pigment print
54 × 71,8 cm, gerahmt, 2017
abgebildet im Maßstab 1:1

Archival pigment print
54 × 71.8 cm, framed, 2017
reproduced at a scale of 1:1

86

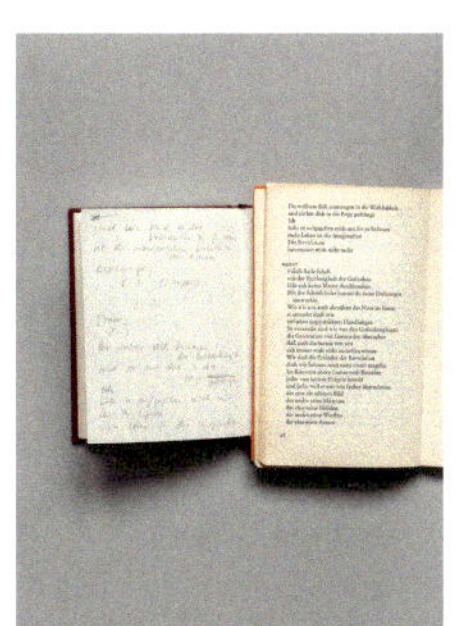

Bordeauxrotes Notizbuch und Taschenbuch [Marat/Sade II]
Bordeaux red Notebook and Paperback [Marat/Sade II]

Archival pigment print
42,75 × 28,5 cm, gerahmt, 2017
abgebildet im Maßstab 1:1,58

Archival pigment print
42.75 × 28.5 cm, framed, 2017
reproduced at a scale of 1:1.58

Impressum / Colophon

Die vorliegende Publikation erscheint anlässlich der Ausstellung /
This publication is published on the occasion of the exhibition

Wiebke Elzel
Sunday, June 26 – Saturday, July 2

1.12.2017 – 31.1.2018
GLASMOOG – Raum für Kunst & Diskurs
Filzengraben 2, 50 676 Köln
+ 49 (0) 221/20189-213
http://glasmoog.khm.de

Ausstellung und Publikation wurden gefördert durch die Kunststiftung NRW und die Kunsthochschule für Medien Köln – Edition KHM Künstlerbücher. /
The exhibition and publication was supported by the Kunststiftung NRW and the Academy of Media Arts Cologne—edition KHM artist's books.

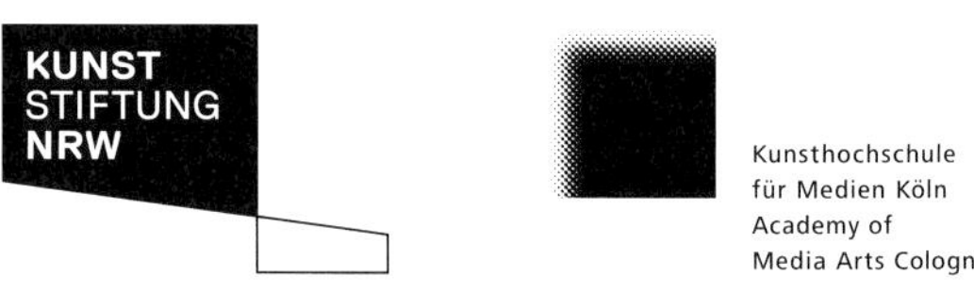

Herausgegeben von / Edited by
Heike Ander
Konzeption / Concept
Wiebke Elzel, Daniela Weirich
Gestaltung / Design
Daniela Weirich
Mit Texten von / Texts by
Wiebke Elzel, Barbara J. Scheuermann
Übersetzung / Translation
Christopher Woltmann
Lektorat / Copy-Editing
Heike Ander (Deutsch), Rosemary Sheridan (English)
Lithografie / Image Editing
Carsten Humme
Gesamtherstellung / Printing and Binding
DZA Druckerei zu Altenburg GmbH, Altenburg

Printed in Germany

Erschienen im / Published by
DISTANZ Verlag
www.distanz.de

Vertrieb / Distribution
edel Germany GmbH
www.edel.com
distanz@edel.com

ISBN 978-3-95476-223-1

Dank / Acknowledgements
Wiebke Elzel möchte folgenden Personen für ihre Begleitung und Unterstützung der Ausstellung und Publikation danken / Wiebke Elzel would like to thank the following persons for their input, and their support of the exhibition and publication:

Axel Autschbach, Frank Berger, Phil Collins, Heiko Diekmeier, Nadine Decker, Beate Gütschow, Thomas Hawranke, Carsten Humme, Sven Johne, Eduard Klein, Katia Klose-Soltau, Evelyn Mund, Katja Nantke, Katharina Puhle, Barbara J. Scheuermann, Claudia Trekel, Bernd Voss, Daniela Weirich, Rebecca Wilton, Christopher Woltmann, Tobias Yves Zintel und ganz besonders Heike Ander für ihren großen Einsatz und ihre Geduld bei der Realisierung des gesamten Projekts. / and especially Heike Ander for her great commitment to and her patience during the realizing of the entire project.

Wiebke Elzel
studierte Fotografie an der Hochschule für Grafik und Buchkunst Leipzig. Ihre künstlerische Arbeit ist geprägt von narrativen Elementen, die Übergänge zwischen Dokumentation und Fiktion sind dabei oft fließend. Sie arbeitet überwiegend mit den Medien Fotografie und Text sowie der Verschränkung von Text und Bild. / studied photography at the Academy of Visual Arts Leipzig. Her artistic work is characterized by narrative elements; the transitions between documentation and fiction are often fluid. She works primarily in the mediums of photography and text and with the interlacing of text and image.

Mein Blick fiel auf die Postkarte
Storm: Hannibal and his Army Cr
hatte mich, als ich es das erste M
irgendwie ganz besonders, beein
Boden kauernden, dem Sturm s
interessierte ich mich kaum. Die
und der Schrecken des Bildes wu
sondern durch das den größten T
von Licht und Schatten, von Hell
zur Erinnerung an das Gemälde r
steht auf der oberen Kante eines
Ich sehe sie fast täglich. Doch w

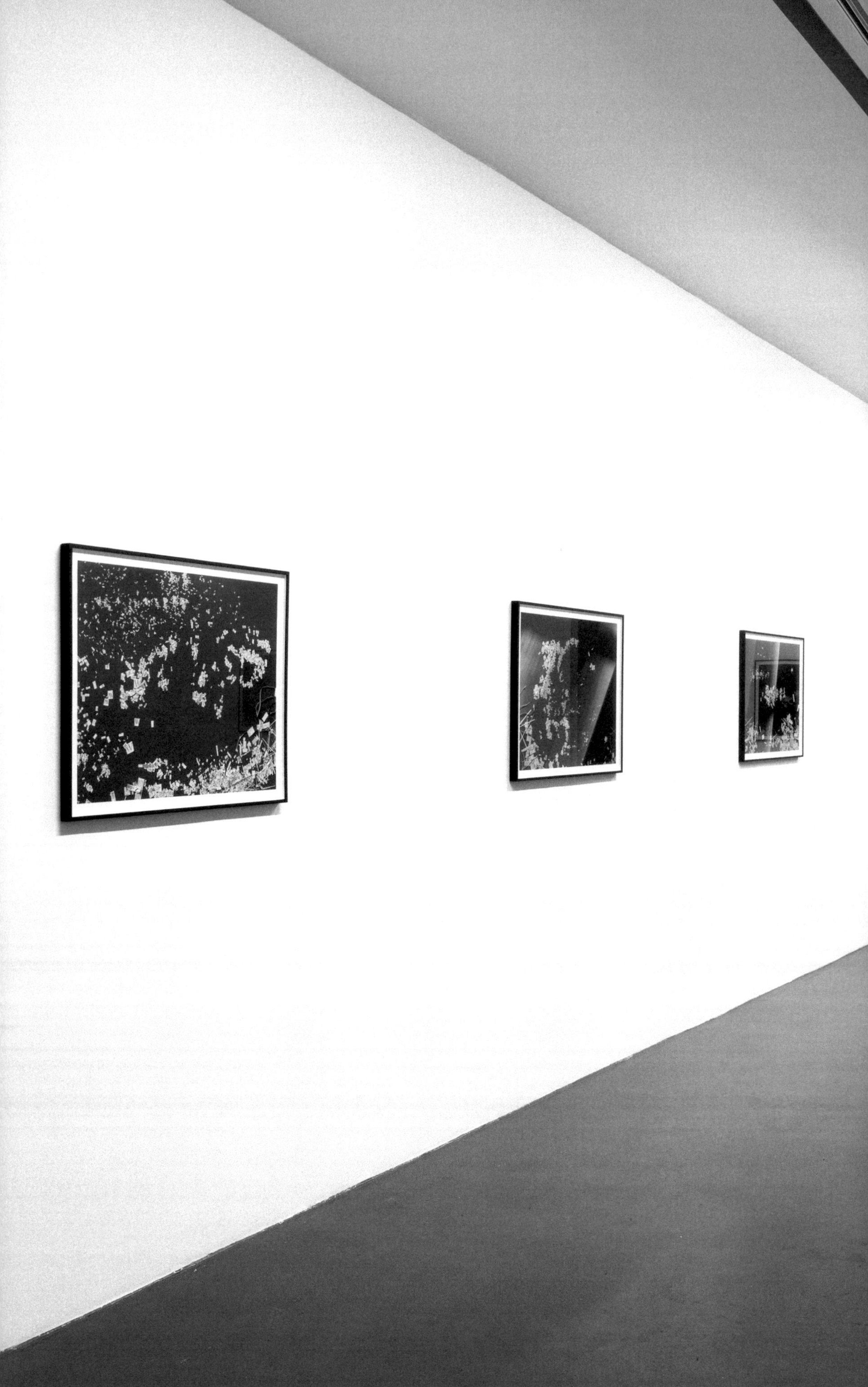

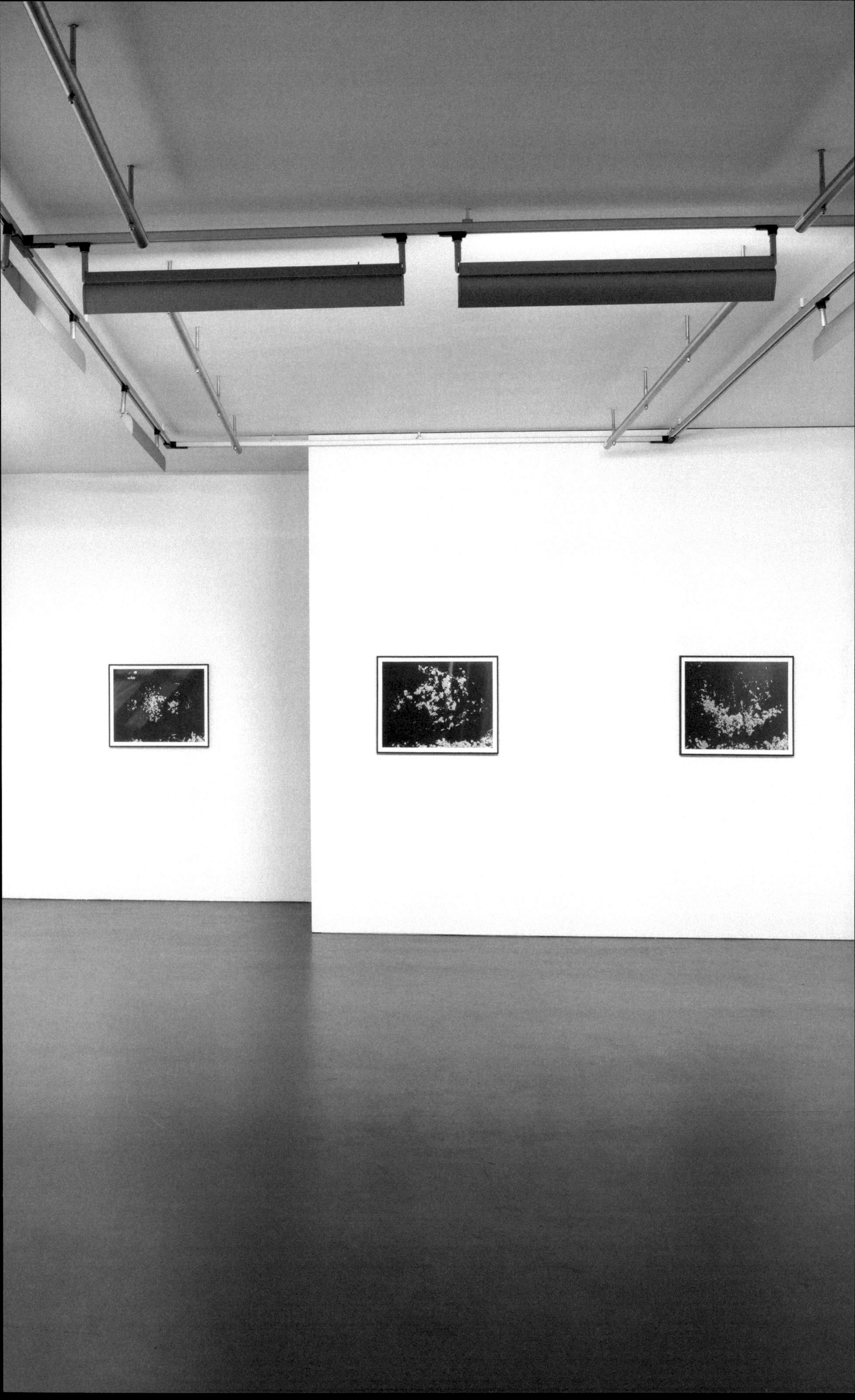

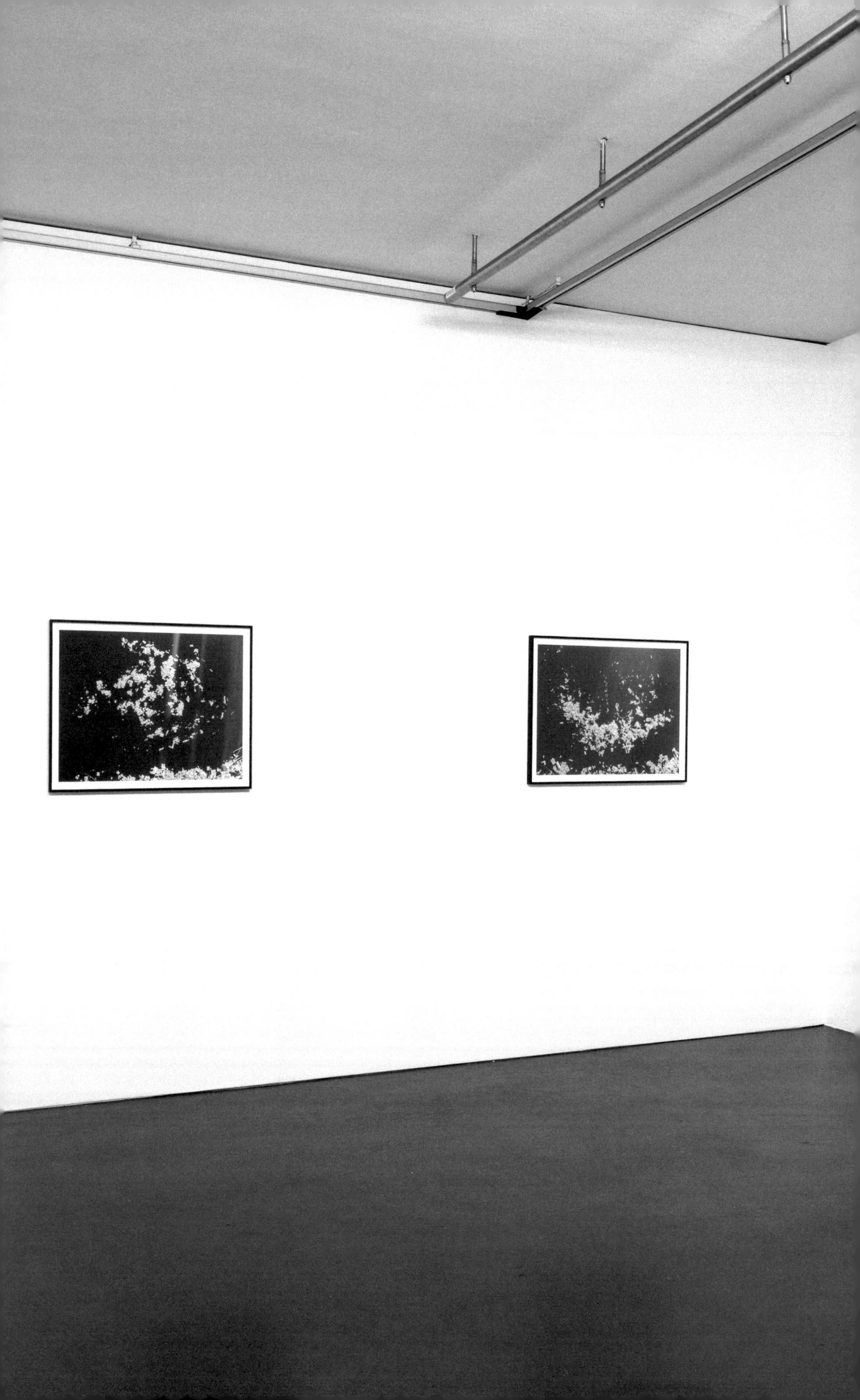

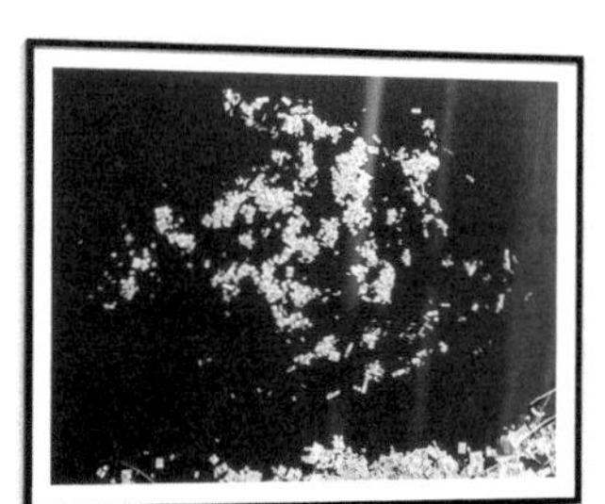

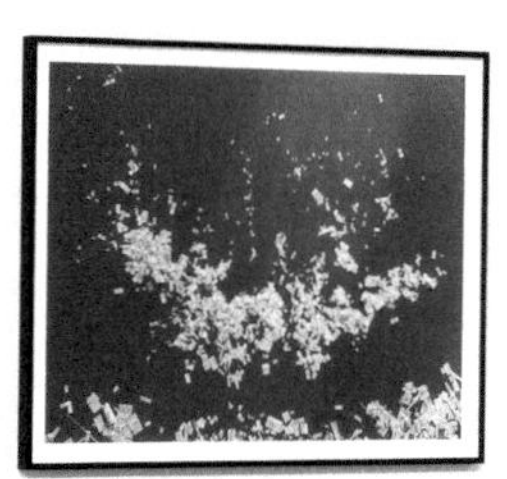

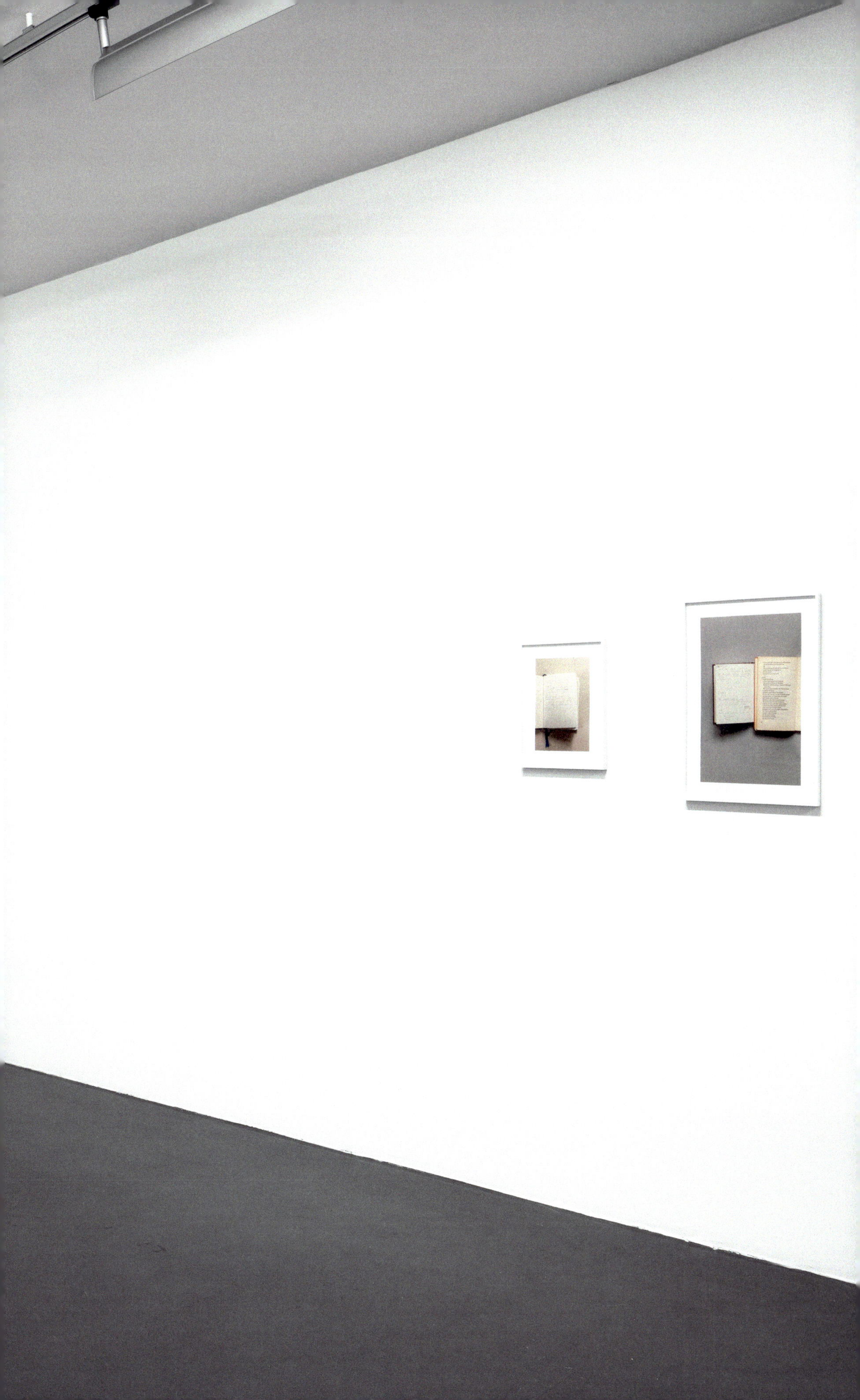

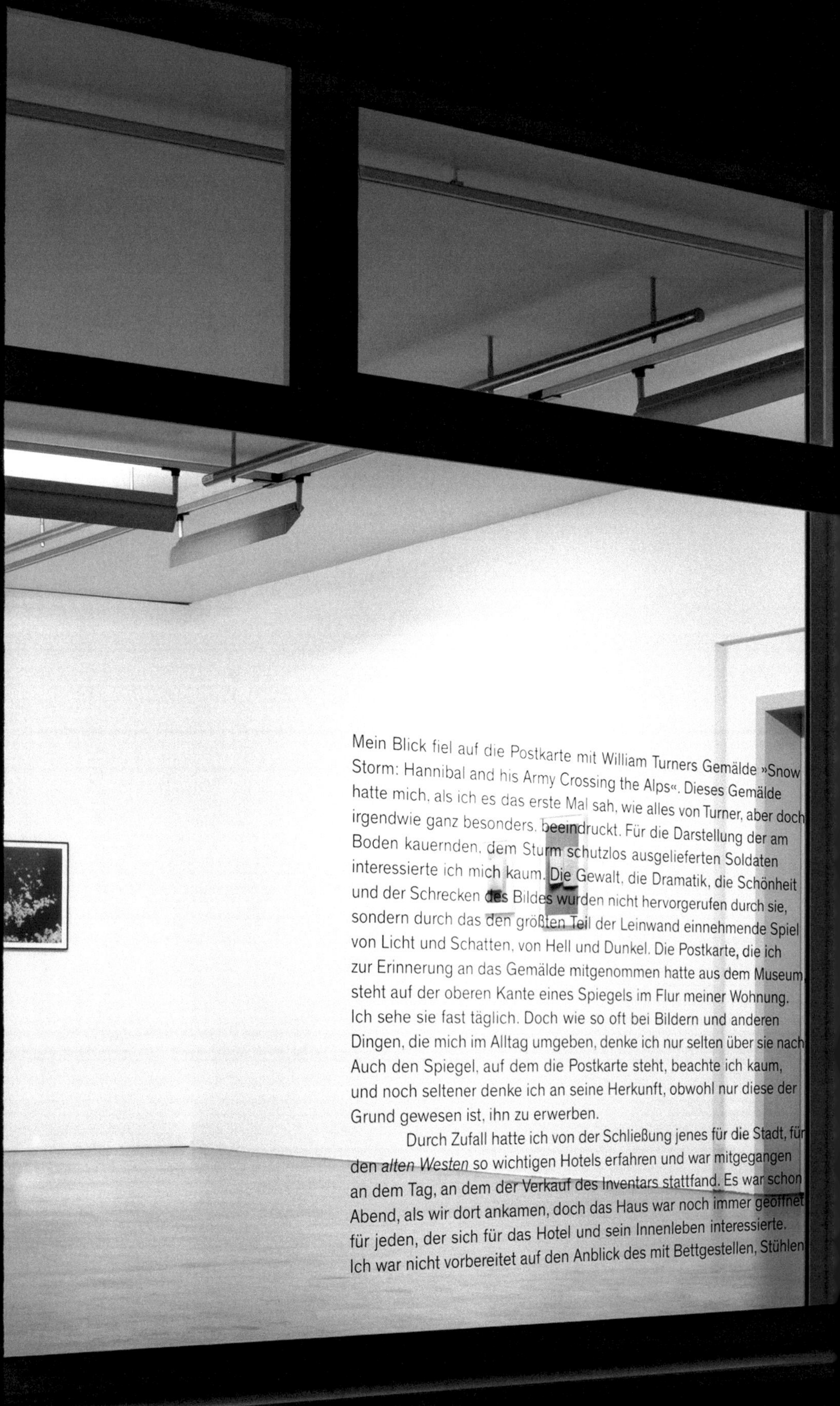

Mein Blick fiel auf die Postkarte mit William Turners Gemälde »Snow Storm: Hannibal and his Army Crossing the Alps«. Dieses Gemälde hatte mich, als ich es das erste Mal sah, wie alles von Turner, aber doch irgendwie ganz besonders, beeindruckt. Für die Darstellung der am Boden kauernden, dem Sturm schutzlos ausgelieferten Soldaten interessierte ich mich kaum. Die Gewalt, die Dramatik, die Schönheit und der Schrecken des Bildes wurden nicht hervorgerufen durch sie, sondern durch das den größten Teil der Leinwand einnehmende Spiel von Licht und Schatten, von Hell und Dunkel. Die Postkarte, die ich zur Erinnerung an das Gemälde mitgenommen hatte aus dem Museum, steht auf der oberen Kante eines Spiegels im Flur meiner Wohnung. Ich sehe sie fast täglich. Doch wie so oft bei Bildern und anderen Dingen, die mich im Alltag umgeben, denke ich nur selten über sie nach. Auch den Spiegel, auf dem die Postkarte steht, beachte ich kaum, und noch seltener denke ich an seine Herkunft, obwohl nur diese der Grund gewesen ist, ihn zu erwerben.

Durch Zufall hatte ich von der Schließung jenes für die Stadt, für den *alten Westen* so wichtigen Hotels erfahren und war mitgegangen an dem Tag, an dem der Verkauf des Inventars stattfand. Es war schon Abend, als wir dort ankamen, doch das Haus war noch immer geöffnet für jeden, der sich für das Hotel und sein Innenleben interessierte. Ich war nicht vorbereitet auf den Anblick des mit Bettgestellen, Stühlen

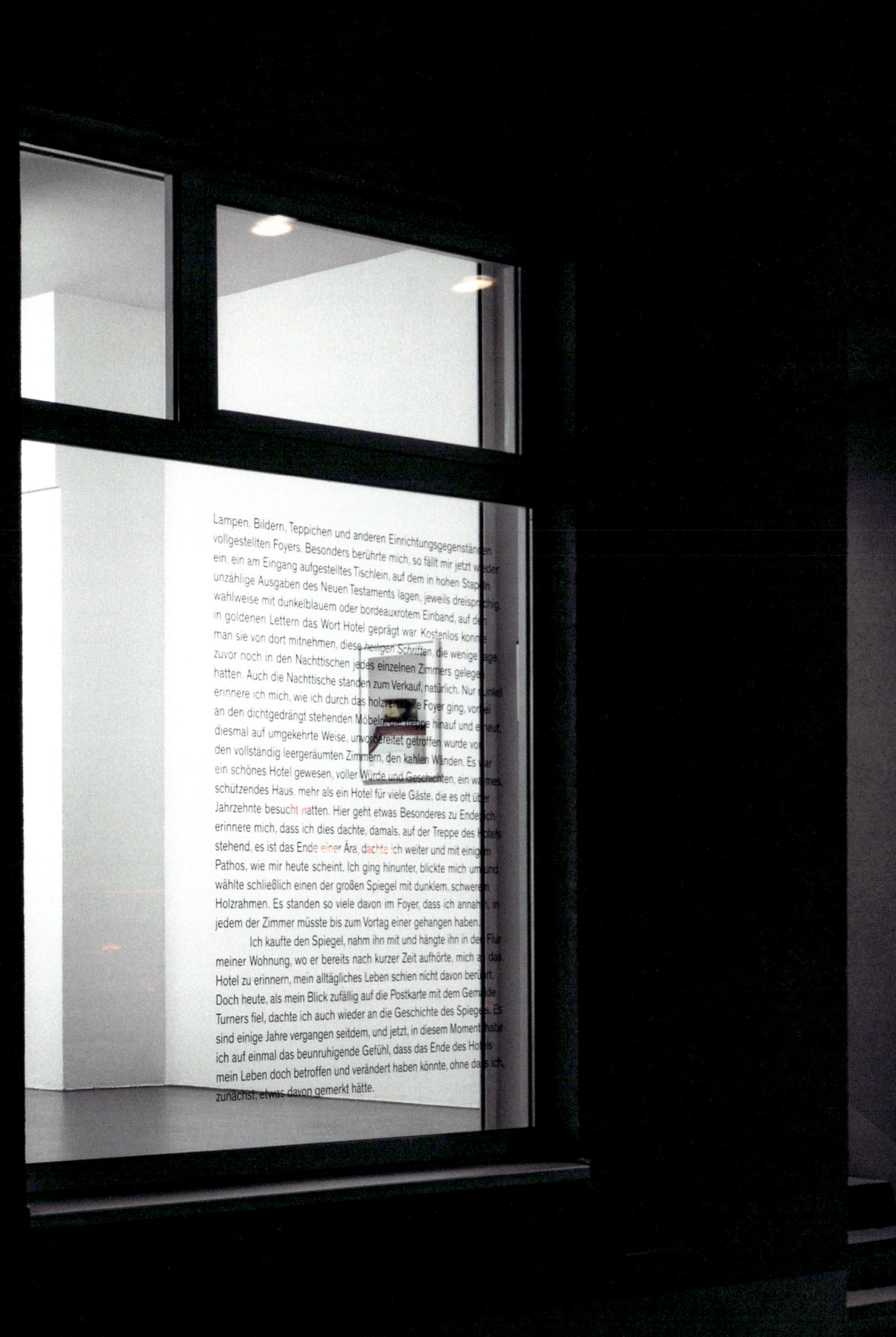
Lampen, Bildern, Teppichen und anderen Einrichtungsgegenständen
vollgestellten Foyers. Besonders berührte mich, so fällt mir jetzt wieder
ein, ein am Eingang aufgestelltes Tischlein, auf dem in hohen Stapeln
unzählige Ausgaben des Neuen Testaments lagen, jeweils dreisprachig,
wahlweise mit dunkelblauem oder bordeauxrotem Einband, auf dem
in goldenen Lettern das Wort Hotel geprägt war. Kostenlos konnte
man sie von dort mitnehmen, diese heiligen Schriften, die wenige
zuvor noch in den Nachttischen jedes einzelnen Zimmers
hatten. Auch die Nachttische standen zum Verkauf, natürlich. Nur
erinnere ich mich, wie ich durch das
an den dichtgedrängt stehenden
diesmal auf umgekehrte Weise,
den vollständig leergeräumten Zimmern, den kahlen Wänden. Es
ein schönes Hotel gewesen, voller Würde und Geschichten, ein
schützendes Haus, mehr als ein Hotel für viele Gäste, die es oft
Jahrzehnte besucht hatten. Hier geht etwas Besonderes zu Ende,
erinnere mich, dass ich dies dachte, damals, auf der Treppe des
stehend, es ist das Ende einer Ära, dachte ich weiter und mit
Pathos, wie mir heute scheint. Ich ging hinunter, blickte mich
wählte schließlich einen der großen Spiegel mit dunklem,
Holzrahmen. Es standen so viele davon im Foyer, dass ich
jedem der Zimmer müsste bis zum Vortag einer gehangen haben.
Ich kaufte den Spiegel, nahm ihn mit und hängte ihn in den Flur
meiner Wohnung, wo er bereits nach kurzer Zeit aufhörte, mich an das
Hotel zu erinnern, mein alltägliches Leben schien nicht davon
Doch heute, als mein Blick zufällig auf die Postkarte mit dem
Turners fiel, dachte ich auch wieder an die Geschichte des
sind einige Jahre vergangen seitdem, und jetzt, in diesem Moment, habe
ich auf einmal das beunruhigende Gefühl, dass das Ende des Hotels
mein Leben doch betroffen und verändert haben könnte, ohne dass ich,
zunächst, etwas davon gemerkt hätte.

oder bordeaux ... gen, jeweils dre
ern das Wort Hotel bordeauxrotem Einband, au
mitnehmen, diese geprägt war. Kostenlos k
n Nachttischen jedes *heiligen* Schriften, die wen
Nachttische standen einzelnen Zimmers gel
, wie ich durch zum Verkauf, natürlich. M
ängt stehenden das holzvertäfelte Foyer ging,
ekehrte Weise, Möbeln, die Treppe hinauf un
ergeräumten unvorbereitet getroffen wurde
gewesen, Zimmern, den kahlen Wänden.
voller Würde und Geschichten, ein
, mehr als ein Hotel für viele Gäste, die es of
nt hatten. Hier geht etwas Besonderes zu En
ss ich dies dachte, damals, auf der Treppe de
Ende einer Ära, dachte ich weiter und mit ei
eute scheint. Ich ging hinunter, blickte mich
einen der großen Spiegel mit dunklem, schw